MINHA HISTÓRIA DO BRASIL
(VERSÃO NÃO OFICIAL)

Paulo de Faria Pinho

MINHA HISTÓRIA DO BRASIL
(VERSÃO NÃO OFICIAL)

1ª Edição
POD

KBR
Petrópolis
2014

Coordenação editorial **Noga Sklar**
Revisão de texto **Noga Sklar**
Editoração **KBR**
Capa **KBR**
Imagem da capa: **Glauco Rodrigues, "Carta de Pero Vaz de Caminha - 26 de Abril de 1500", acrílica sobre tela, 1971, Coleção Gilberto Chateaubriand - MAM RJ**

ISBN 978-85-8180-288-6

KBR Editora Digital Ltda.
www.kbrdigital.com.br
www.facebook.com/kbrdigital
atendimento@kbrdigital.com.br
55|24|2222.3491

HIS033000 - História Latino-americana, Brasil

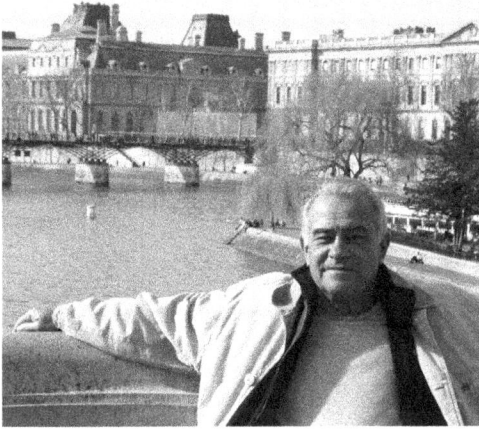

Paulo de Faria Pinho é advogado, com curso de pós-graduação na FGV. É o chamado escritor bissexto. Em 1978, publicou pela Editora Cultura de São Paulo o *Memórias sem maquiagem*, um livro escrito a quatro mãos com Carlos Machado, o saudoso Rei da Noite, e que se transformou em um referencial dos chamados Anos Dourados da noite do Rio. Mais tarde, escreveu os contos *A Cortesã e outras ideias*; *Alcoolicamente*, livro de poemas pela Relume Dumará, obra premiada com a Bolsa Para Escritores Brasileiros do Ministério da Cultura e ilustrada por Rubens Gerchman; *Calçadas do Leblon*, outro de poesia, pela 7 Letras; *Bebidas & Boêmios*, pela Casa da Palavra e *O Azarão*, folhetim erótico, pela Garamond. Tem artigos publicados nos cadernos Opinião e Prosa & Verso de *O Globo*, no Caderno B do antigo *JB*, no jornal *La Libre Bélgique* e na revista *Jef*, editada pela Fondation Internationale Jacques Brel, da qual é membro colaborador. É amante de Paris e detentor dos segredos da cidade, e justamente por causa disso, publicou pela KBR o best seller *Paris para principiantes,* há dois anos na lista de mais vendidos da Amazon.

Email: pinho.pepinho.paulo1@gmail.com

Este livro é dedicado a todos os que acreditam na História do Brasil tal como é contada para inocentes, crianças e crédulos de todas as raças, classes sociais e religiões.

SUMÁRIO

Nota do autor

A ideia de escrever um livro contando a História do Brasil — como a vejo e como sobre ela se lê todos os dias nos jornais e internet, se vê e ouve nas emissoras de televisão, nas conversas com conhecidos, companheiros de clube e amigos mais velhos que já partiram, nos cantos dos bares, nas mesas da vida — me acompanha há vários anos.

Quando perdi minha querida Janice, no começo de julho de 2013, passei dois meses inteiramente sem rumo. E como tratamento psicológico, uma forma de fugir da tristeza e da dor, comecei a pesquisar e a escrever este livro.

Trabalhei seguindo o método do grande escritor belga Georges Simenon, um de meus autores favoritos: ia nadar ou caminhar no Jockey, voltava para casa e durante quatro horas ficava incomunicável, como ele fazia.

Simenon, antes que me critiquem, nunca nadou no Jockey nem em nenhum outro clube. Acordava cedo, dava uma longa caminhada e depois se trancafiava em seu escritório, e foi o que fiz. Tirava o som do telefone, não ligava o skype. Proibia a faxineira que há muitos anos me atura de me incomodar. Depois, passei dois meses viajando por Paris e pelo Porto, tentando ver se a saudade diminuía não estando mais no Leblon, que era o nosso bairro querido. Mas a saudade não tem noção de geografia, e me acompanhou durante toda a viagem. Na volta, fiquei um mês tomando coragem para recomeçar a labuta. Acabei tomando vergonha na cara e retornando ao trabalho durante os meses de janeiro e parte de fevereiro, e o livro ficou pronto.

Não sei se teria sido escrito se minha amada não tivesse partido, ou continuaria sendo um projeto distante. Como escrevi, foi uma catarse. Caso esta *Minha História do Brasil (versão não oficial)*" lhe agrade, saiba que foi escrita com muita dor e muita saudade, ou tentando fugir de ambas.

Rio de Janeiro, 7 de junho de 2014
Paulo de Faria Pinho

-1-

E como tudo começou:
OS MARES NUNCA DANTES NAVEGADOS

Corria na maior tranquilidade o ano de 1500. Os índios, donos da terra, aproximadamente dois milhões, viviam numa boa, todo mundo nu ou quase; os que não estavam nus — porque o calor aqui sempre foi de matar camelo, imaginem então os pobres dos índios — usavam tangas. Tinham sua própria religião e se alimentavam do que encontravam nas florestas, o que era muito. Praticavam um princípio rudimentar de agricultura, mas gostavam mesmo era de frutas, legumes e mandioca — que dava mais que chuchu na serra. Caçavam e pescavam, eram ótimos pescadores. Algumas vezes se comiam, no sentido literal da palavra: alguns eram canibais, o que em nada os desmerecia como homens e guerreiros — afinal, no ano de 1500, sem a Igreja enchendo a paciência dos mortais, cada um tinha o livre arbítrio para fazer o que bem entendesse. Foram os papas e suas bulas que tomaram do homem o sagrado direito de ser livre e fazer o que gostasse e lhe desse prazer.

Os grupos mais importantes eram o Tupi-Guarani e o Aruaque. Seus idiomas eram um pouco diferentes, mas se entendiam sem maiores complicações, salvo quando membros de um grupo estavam comendo os do outro. Viviam em palhoças cobertas de folhas de palmeiras, a que os portugueses deram o nome de "ocas". Dormiam em redes. Usavam arco e flecha, lanças e tacapes, que serviam para caçar animais e dar cacetadas nos inimigos. Produziam uma bebida fermentada à base da mandioca, e assim começaram a tomar os primeiros porres, hábito que perdura até hoje. Se resultava em ressaca, não existe nenhuma informação a respeito.

O fato mais do que real era que viviam em total liberdade — palavra que desconheciam. Nem poderiam imaginar que com a chegada de um povo que se dizia "civilizado" essa liberdade iria desaparecer.

Enquanto isso, lá do outro lado do oceano, existia uma terra de gente brava, corajosa, aventureira, talvez os melhores navegadores do mundo: Portugal. Vasco da Gama, figura mais importante da história portuguesa, descobrira o caminho marítimo para as Índias, lugar onde havia muita riqueza, o que interessava e muito ao diminuto país europeu.

Pois para consolidar as alianças com os locais, nada mais correto, honesto e honrado do que uma demonstração de força e poderio. Assim, no dia 9 de março de 1500 partiu de Belém ao meio-dia uma esquadra lusa, sob os aplausos do rei D. Manuel I e de uma multidão de seguidores. Era comandada por Pedro Álvares Cabral, que ao que parece nunca entrara em um barco antes — nem num mísero barquinho para pescar no Tejo —, uma espécie de embaixador com armadura e elmo à frente de uma frota de 10 naus, três caravelas, muitos canhões e mais de mil homens.

Como Pedrinho não entendia bulhufas de navegação, tinha em sua frota dois grandes navegadores portugueses, Nicolau Coelho e Bartolomeu Dias — o grande marinheiro que contornara o antigo Cabo das Tormentas, que, depois dele, passou a ser chamado de Cabo da Boa Esperança. Dias voltou depois de contorná-lo; seus ensinamentos e anotações foram fundamentais para que Vasco da Gama seguisse viagem e chegasse às Índias.

Nosso Pedrinho, como todo homem que usa farda —

na época a pesada armadura —, era de uma arrogância sem tamanho. Tinha o hábito de ficar na popa da sua nau — informação náutica para quem, tal com o Pedro, nunca viu um barco: "popa" é a parte de trás, enquanto proa é a da frente, a que singra e rompe as ondas — em estado de absoluta beatitude, olhando para o resto de sua frota. Assim, quando, passada a região das calmarias, foi informado por Bartolomeu Dias, através dos sinais convencionais de navegação, de que deveriam virar para bombordo — outra informação náutica: "bombordo" é tudo o que se encontra do lado esquerdo de uma embarcação, olhando-se no sentido da popa para a proa, enquanto boreste é exatamente o contrário, ou seja, tudo o que se encontra à direita de quem olha, igualmente da popa para a proa —, o nosso Cabral, sempre virado para o lado errado, deu ordens a seu timoneiro para virar a boreste, no que foi seguido por toda a frota. Afinal, quem iria discutir com o comandante, principalmente numa época em que os sinais eram o único meio de comunicação? O telégrafo somente veio a ser inventado no século XVIII, tendo seu mais conhecido código, o Morse, sido patenteado pelo senhor Samuel Morse no ano de 1837, o que implica dizer que antes disso era tudo mesmo na base dos sinais.

O resultado foi que, tendo Pedrinho virado para o bordo errado, em vez de se dirigirem às Índias cruzaram o Atlântico, e no dia 22 de abril, depois de mais de um mês no mar, avistaram o monte a que deram o nome de Monte Pascoal. A terra que descobriram recebeu o nome de Terra de Vera Cruz.

Em seguida, acharam uma região mais abrigada e mudaram o nome que recém haviam dado para Terra de Santa Cruz. Mais tarde, quando começou o processo de colonização, em virtude da grande quantidade de pau-brasil, mudaram o nome para Brasil e assim ficou. Mas a criação da nossa terra já começou com enormes erros de interpretação e solicitações que viriam a se transformar em sua marca registrada.

Toda frota tinha um escrivão que registrava a viagem,

ocorrências, dados, informações, enfim, era o redator de plantão. O da nossa se chamava Pero Vaz de Caminha, e sua famosa carta, conhecida e estudada nos tempos em que se estudava alguma coisa no Brasil, onde hoje a educação é mais uma vergonha nacional, continha louvações ao senhor El-Rei D. Manuel, muito puxa-saquismo e um monte de besteiras.

Nosso Caminha era de família abastada. Nasceu no Porto em 1450, e nunca tomou conhecimento de qualquer forma de agricultura; o máximo que dela vira foram três gerânios que sua esposa, D. Maria cultivava com enorme carinho em vasos de barro colocados no beiral da janela — informação cultural: nunca se soube o nome da esposa de Pero, mas, sendo portuguesa, ou era Maria, ou Conceição, ou Tereza, o que me deixa com a possibilidade de acerto de três para um. Pois mesmo sem essas credenciais básicas o valoroso escriba escreveu ao venturoso monarca: "Porém, a terra em si é de muitos bons ares, frios e temperados (...). E de tal maneira é graciosa que, querendo aproveitá-la, dar-se-á nela tudo". Ou seja, o nosso escriba, sem entender nada de agricultura e muitos menos de temperatura, por ter achado que o clima na Bahia seria sempre temperado afirmou que o que lá se plantasse, certamente daria.

Mais adiante acrescentou que "o melhor fruto que se pode fazer me parece que será salvar esta gente. Esta deve ser a principal semente que Vossa Alteza nela deve lançar". Trocando em miúdos: acabar com a paz dos índios, encher a terra de missionários e jesuítas, ensinar-lhes os dogmas do catolicismo; e se eles não os aceitassem, haveria sempre a solução muito eficaz de se usar os ensinamentos dóceis e cativantes da Inquisição.

A Inquisição Portuguesa começou em 1536 e durou até 1821, ou seja, deu tempo de sobra para fazer um grande estrago na população indígena. E o estrago foi feito pelos colonizadores lusos, que começaram por escravizar os índios que não aceitavam o cativeiro, taxados pelos historiadores de preguiçosos, quando, na verdade, eram livres, e livres queriam viver e permanecer.

Como já tinha um sexto sentido do que seria a terra que acabara de descobrir, onde tudo é permitido, Pero Vaz Caminha terminou seu relato criando o tráfico de influência: "A Vossa Alteza peço que, por me fazer singular mercê, mande vir da Ilha de São Tomé, Jorge do Soiro, meu genro, o que receberei como muita mercê de Vossa Alteza". E até hoje, na forma escrita, nos acordos de gabinetes, por baixo dos panos, nos acertos com as bases aliadas, nas malas, cuecas e outros objetos, formas e matérias, perdura o eterno pedido do louvado escrivão Pero Vaz de Caminha. E tenho dito.

No dia 2 de maio, acertando finalmente o rumo, Cabral se mandou para as Índias. Deixou aqui uns poucos degredados, que parece se deram muito bem com as nossas silvícolas, uns padres para começarem a catequizar os índios, dois ou três carpinteiros. E despachou uma embarcação para Lisboa com as informações relatadas pelo nosso Caminha.

— Fim da primeira parte, que só recomeça... —

-2-

Três décadas mais tarde: a colonização

O que mais se conhece em matéria de princípios de colonização são as Capitanias Hereditárias criadas em 1532, quando subiu ao trono de Portugal o rei D. João III. Antes disso, outros fatos pouco importantes marcaram o período entre 1500, quando seu Cabral por aqui apareceu — usando a frase do brilhante e irreverente Sérgio Porto: "mais perdido do que cego em tiroteio" — e 1532, quando D. João III resolveu deixar de lado a apatia com que a terrinha tratava sua colônia recém descoberta, arregaçou as mangas e começou a trabalhar um pouco.

Pois as expedições enviadas pela Coroa Portuguesa aqui se depararam com uma quantidade extraordinária de pau-brasil, que os donos da terra chamavam, já que a terra era deles e a língua também, de ibirapitanga — coisa de índio, que me desculpe a FUNAI, mas o nome da frondosa árvore estava mais para pitangueira do que para o pau-brasil, mas isso é assunto para pesquisadores, o que não é o nosso caso. De todo jeito o pau-brasil era uma grande riqueza e valia uma nota preta na Europa; o melhor a fazer era arrancar e mandar para lá a maior quantidade possível. Foi o maior estrago: do litoral do Rio Grande do Norte até o Rio de Janeiro calcula-se que existiam mais de 70 milhões de árvores, e sobraram muito poucas.

A cobiça era geral, principalmente por parte dos franceses, que não paravam de enviar seus piratas e bucaneiros para carregarem para a França o que fosse possível e impossível. Os franceses adoravam a Baía de Guanabara. Viviam aqui pelo Rio, onde estabeleceram um belo centro de lazer e contrabando; e fizeram aliança com os índios tamoios, que não podiam ver a cara dos portugueses nem pintada. Ficaram muito amigos.

Para proteger e explorar o nosso valioso pau-brasil, foi criada a política de oferecer a concessão de exploração a cristãos-novos, que deveriam descobrir mais terras, construir fortalezas e tirar o maior proveito do ouro que era o pau-brasil. Na realidade, a pessoa chegava aqui, construía uns abrigos e na base da porrada botava os índios para cortar e transportar madeira para os navios, que em seguida zarpavam para Portugal. Foi o começo da escravidão.

O maior de todos os arrendatários foi Fernão de Noronha, que ganhou tanta terra para explorar em 1503 que fica mais do que claro que era íntimo dos homens tal como acontece até hoje: para os amigos, tudo...

Comerciantes de Lisboa e do Porto, por conta própria, enviavam embarcações para contrabandear não só o citado pau-brasil, com as plumas deslumbrantes das nossas araras e papagaios, que também faziam enorme sucesso na Europa, isso, muitas centenas de anos antes do surgimento das primeiras Escolas de Samba. Também contrabandeavam peles de animais, plantas medicinais e até os próprios índios, que eram usados como escravos e atração turística nas cortes europeias, as chamadas "cortes civilizadas". Se algo pode ser dito a favor dessa turma é que criaram as feitorias, sendo a mais importante a que se estabeleceu na Baía de Todos os Santos. Eram entrepostos comerciais onde valia tudo: se comercializava legalmente com a Coroa, com os piratas franceses e com os contrabandistas portugueses, uma política oficializada centenas de anos mais tarde no Paraguai, mas isso já é outra história.

Para combater toda essa pirataria e contrabando, Portugal começou a enviar expedições militares, numa tentativa de defender o litoral brasileiro. Mas, olhando-se o tamanho da nossa costa, vamos convir que não poderia dar certo: era muita costa para ser levada nas próprias costas pelos portugueses, e o projeto naufragou. Em todos os sentidos. Lembrando ainda que por ocasião da nossa descoberta, como informei, existiam no Brasil dois milhões de índios, e a população portuguesa pouco passava deste número, portanto, muito pouco português para tanta costa.

Como vocês estão reparando, falta muito tempo para chegarmos aos dias de hoje. E para não ficarmos engarrafados sem sair do lugar, como é o grande divertimento dos paulistas, vamos saltando alguns fatos que não são assim tão importantes e tornando a leitura mais dinâmica.

Em 1530, foi enviada uma expedição sob o comando de Martim Afonso de Sousa com objetivo de explorar melhor a terra, expulsar a francesada e criar núcleos de colonização, como o que se estabeleceu em Cabo Frio. Nessa mesma expedição foram fundados os núcleos de São Vicente e São Paulo. Fato relevante é que em São Vicente, em 1532, realizou-se a primeira eleição em todo o continente americano para a instalação da primeira Câmara Municipal.

Voltemos ao nosso monarca de plantão, D. João III, que decidiu que o Brasil seria dividido em Capitanias Hereditárias e as entregou a membros da pequena nobreza lusitana. Passariam a ser um direito de família, e foram exatamente quinze os beneficiários. Entre seus direitos e deveres estavam o de fundar cidades, cobrar impostos sobre todas as mercadorias — menos o pau-brasil, que era monopólio da Coroa —, autorizar construções, cobrar dízima sobre produtos agrícolas, açúcar e pesca, e até o direito de aplicar pena de morte, que recaía sempre sobre os escravos — no caso os índios — pagãos e cristãos livres, mas com a observação de que somente poderia ser aplicada a cristãos livres se fossem de "classes mais baixas". Tirando a pena de morte, que não existe no nosso Código Penal, tais práticas continuam a ser a norma quase quinhentos anos depois: rico fica sempre numa boa, cadeia é só para pobre e cidadão de cor.

Olhando-se a dimensão territorial do Brasil, fica fácil entender que não poderia dar em boa coisa ocupar tanta terra com tão pouca gente, pouco dinheiro, a rebeldia dos índios — que estavam defendendo a terra que lhes pertencia e, por terem nascido livres, como já afirmei, não aceitavam a escravidão — e a presença dos piratas, que, aliás, continuam a aportar em nossa costa. E não deu mesmo.

Quatro dos capitães donatários nunca vieram ao Brasil, três morreram logo após sua chegada e três retornaram para Portugal. O administrador da Capitania de Porto Seguro — que fundou o Arraial do Pereira, futura Salvador — era um administrador da pior qualidade e foi morto pelos índios tupinambás. As Capitanias de Ilhéus e do Espírito Santo deram com os burros n'água, foram devastadas pelos aimorés e pelos tupiniquins.

A Capitania do Maranhão era dividida em duas seções: a primeira englobava o extremo leste da Ilha de Marajó e ia até a foz do Rio Gurupi; a segunda ia do mesmo Gurupi até a Paraíba. Seus donatários deixaram as Capitanias em péssimo estado e ficaram muito bem de vida — qualquer semelhança entre o atual capitão-mor e o fato de o Estado do Maranhão ser até hoje o mais pobre do país, com péssimo saneamento básico, saúde zero e educação inexistente, é mera e pura coincidência. Tal como em todos os livros de ficção, afirmo que "qualquer semelhança com pessoas vivas ou mortas é mera coincidência, não reflete a verdade dos fatos", e, com essa frase, vou tirando o meu da seringa... passemos para o governo-geral, criado em 1549 e que perdurou até 1580, e para a escravatura.

-3-

GOVERNO-GERAL

Tendo fracassado completamente o sistema das Capitanias pelos motivos expostos, resolveu o senhor rei D. João III que seria mais prático uni-las sob um Governo-Geral, e no dia 7 de julho de 1549 nomeou o primeiro governador-geral, Tomé de Souza, que arribou em terras brasileiras no dia 29 de março cheio de boas intenções e muitas ordens reais, porque aos reis é fácil dar ordens e deixar que se virem os que as receberam. A primeira delas era fundar uma cidade que seria a sede do governo, o que foi feito na Baía de Todos os Santos, recebendo o nome de São Salvador da Bahia de Todos os Santos.

Entre as outras tarefinhas que o nosso João determinou que Tomé realizasse estavam a de organizar a colônia política e juridicamente, arrumar de modo digno a vida municipal, tratar de explorar o máximo possível a extração do pau-brasil, incrementar a lucrativa produção açucareira, abrir estradas e construir um estaleiro.

Como os índios não davam mesmo conta do recado e os portugueses continuavam sendo poucos, a solução para a realização dessas pequenas tarefas seria trazer escravos da África, e assim começa um dos três períodos negros da nossa história. (Peço à minha editora que resolva como vai ficar este parágrafo, porque me parece de péssimo gosto chamar de "período negro" a vinda dos negros africanos, mas o que se há de fazer, se o período foi realmente negro, uma mancha na nossa bem manchada história? E que culpa temos nós de serem negros os que vinham da África?)

Tivemos escravos desde essa época até a Princesa Isabel assinar a Lei Áurea, em 13 de maio de 1888. A partir da metade do século XIX a escravidão passou a ser contestada pela Inglaterra, ou seja, pela nação mais poderosa que o mundo já conheceu, e que não dava muito para afrontar. Em 1845 o Parlamento Britânico aprovou a Lei Bill Aberdeen, que proibia terminantemente o tráfico de escravos e dava à já mais do que poderosa frota inglesa o poder de abordar e aprisionar todo e qualquer navio negreiro. A coisa ficou preta para os traficantes de escravos.

No Brasil, a libertação foi realizada de modo gradual. Pressionados pelos ingleses, com quem mantínhamos importantes relações comerciais, aprovamos em 1850 a Lei Eusébio de Queiróz, que terminou com o tráfico negreiro. No dia 28 de setembro de 1871 foi promulgada a Lei do Ventre Livre, que libertava os filhos dos escravos nascidos a partir dessa data, e, em 1885, a Lei dos Sexagenários, que estabelecia a liberdade aos escravos com mais de 60 anos, uma lei de certa crueldade e nenhum sentindo humanista: o que iria fazer na vida, e da vida, um preto que passara toda sua vida na senzala, sendo tratado como animal e a quem davam o direito de ser livre? Livre para fazer o quê? Viver do quê? Trabalhar onde, recebendo quando e como?

A África foi a grande fornecedora de escravos negros para todo o mundo. Inicialmente entregava os negros cativos para os árabes; com a chegada dos europeus, abriu-se um novo e próspero mercado, e os próprios reis e mandatários africanos capturavam, acorrentavam e vendiam os africanos, pessoas da sua própria raça, para os ávidos estrangeiros.

Os europeus construíram fortes e galpões nas costas africanas para receber a mercadoria que lhes era entregue. Esperavam certo tempo para realizar uma triagem, tal como fazem os criadores de gado, e depois de verificado o estado do produto que lhes fora confiado, embarcavam os escravos nos navios negreiros. Entre os diversos reis africanos que viviam desse comércio nenhum foi tão importante quanto Osei Kwame, rei do Império Ashanti, que vivia em palácios luxuosos, cercado de muitas concubinas, repleto de joias e comendo do bom e do melhor, tudo conseguido com sua atividade de capturar negros e vendê-los aos europeus — outra informação cultural: o Império Ashanti, também conhecido como Axânti ou Achânti, era o território dominado pelo povo akan e se estendia pela região que hoje abrange de Gana Central até o Togo e a Costa do Marfim.

Nos navios negreiros, os negros cativos eram transportados nas mais imundas, degradantes e desumanas condições. Os que vieram para o Brasil embarcavam principalmente na África Setentrional, nos territórios onde atualmente estão Angola, Moçambique e a República Democrática do Congo.

Em seu excelente *1808*, que recomendo a todas as pessoas interessadas em conhecer um pouco melhor nossa história e muitas de suas mazelas, Laurentino Gomes declara que "entre os séculos XVI e XIX 10 milhões de escravos africanos foram vendidos para as Américas. O Brasil, maior importador do continente, recebeu 40% desse total, algo entre 3,6 milhões e 4 milhões de cativos, segundo as estimativas aceitas pela maioria dos pesquisadores".

Laurentino Gomes mostra a forma animalesca como que eram tratados, reproduzindo a descrição feita pelo cônsul inglês James Henderson[1] durante o reinado de D. João VI e suas coxinhas de galinha. É estarrecedor:

Os navios negreiros que chegam ao Brasil apresentam um retrato terrível das misérias humanas. O convés é abarrotado por criaturas, apertadas umas às outras tanto quan-

---

1 HENDERSON, James. *A History of Brazil*. Londres: Longman, Hurst, Rees, Orme and Brown, 1821, pp. 74-75.

to possível. Suas faces melancólicas e seus corpos esquálidos são o suficiente para encher de horror qualquer pessoa não habituada a esse tipo de cena. Muitos deles, enquanto caminham dos navios até os depósitos onde ficam expostos para a venda, mais parecem esqueletos ambulantes, em especial as crianças. A pele, que de tão frágil parece ser incapaz de manter os ossos juntos, é coberta por uma doença repulsiva, que os portugueses chamam de sarna.[2]

E tem gente que se pergunta onde Henrich Himmler foi buscar inspiração para criar seu programa de extermínio...

Apesar da grande perda de vidas oriunda da falta de alimentação, água contaminada e das doenças por que eram acometidos, principalmente escorbuto, o transporte nos navios negreiros era altamente lucrativo. Quando aqui chegavam, os cativos, levados para os "depósitos", como informa Henderson, eram tratados, limpos e alimentados, para que a mercadoria fosse apresentada em melhor estado, impressionando os futuros compradores. O trabalho escravo se fazia muito necessário nas plantações de cana de açúcar que se espalharam por todo o nordeste, e mais tarde nas minas de ouro, diamantes, pedras preciosas e semipreciosas.

Nas fazendas e plantações levavam uma vida miserável. Trabalhavam de sol a sol, alimentados com restos de comida na quantidade exata para se manterem vivos. Dormiam em senzalas, construções toscas e rudimentares, sujas, úmidas, onde a higiene inexistia. Ficavam acorrentados para que não fugissem, e quando escapavam, eram perseguidos pelos capitães-do-mato e colocados nos troncos, onde eram açoitados e ficavam expostos às intempéries. Muitas vezes, eram simplesmente assassinados. Não podiam praticar suas religiões nem realizar suas festas e rituais. Obrigados por seus senhores a seguir a religião católica, mantinham suas tradições com orgulho e determinação. Escondidos, faziam suas

---

2 GOMES, Laurentino. *1808*. São Paulo: Planeta, 2008.

oferendas aos orixás, e desenvolveram uma forma de luta que perdura até hoje e faz parte da nossa cultura, a capoeira.

As mulheres, embora trabalhassem no campo, eram usadas principalmente nos serviços domésticos: limpavam, cozinhavam, arrumavam, eram amas de leite e serviam, e muito, para aplacar o desejo sexual de seus senhores, como mostra o maravilhoso poema de Jorge de Lima, "Essa Negra Fulô" (*Poemas*, 1925):

> O Sinhô foi ver a negra
> levar couro do feitor.
> A negra tirou a roupa,
> O Sinhô disse: Fulô!

Muitos escravos reagiram à humilhação, revoltaram-se, fugiram, lutaram e mataram muitos dos capitães-do-mato. Organizaram-se em comunidades, a que davam o nome de quilombos, sendo o mais famoso de toda a nossa história o Quilombo dos Palmares, com seu mítico chefe Zumbi dos Palmares.

Para não nos perdermos, voltemos agora aos nossos governadores-gerais. Tomé de Souza andou pelas Capitanias do sul do Brasil e, em 1553, criou a vila de Santo André da Borda do Campo (que, transferida em 1560 para o Pátio do Colégio, deu origem, mais tarde, à cidade de São Paulo). Nesse mesmo ano, pediu seu boné e se mandou de volta para Lisboa. Não aguentava mais tanto calor, mosquito, índio, amolação, a falta de um mínimo de conforto. Usando uma linguagem chula, e ao que parece não praticada à época, estava mesmo era de saco cheio.

Foi substituído por Duarte da Costa, fidalgo e senador da Corte de Lisboa, que aqui chegou acompanhado de seu filho Álvaro da Costa e do padre José de Anchieta. O jesuíta, que deu início à catequese dos nativos, tinha o hábito de escrever poemas ou citações nas areias da praia, mais tarde lambidos pelas ondas. Nunca se soube se essa enorme perda de tempo era por alguma penitência ou por absoluto desconhecimento do movimento das marés e do ir e vir das ondas. Além da perplexidade sobre seus motivos, fica a dúvida sobre se o nosso José foi ou não um grande escritor, já que tudo se perdeu.

Muitas centenas de anos depois, Dorival Caymmi, um baiano mais do que de bem com a vida, poderia ter ensinado ao jesuíta todos os mistérios do mar, do subir e descer das ondas, e com muito mais beleza e poesia.

A administração de Duarte foi repleta de problemas. Queria escravizar os índios, tendo sofrido oposição feroz do primeiro bispo do Brasil, Dom Pedro Fernandes Sardinha. Bateram de frente, e mesmo assim Dom Duarte decidiu escravizá-los. Sardinha ficou fulo, e se mandou para Portugal para protestar diretamente com sua majestade. Porém, por razões que só o destino consegue explicar, o defensor dos índios sofreu um naufrágio na costa de Alagoas. Fazendo jus ao nome, foi devidamente devorado pelos índios caetés, que eram antropófagos.

Durante o governo de Duarte da Costa, uma expedição de protestantes franceses aportou na bela Baía de Guanabara, onde fundaram uma colônia a que deram o nome de França Antártica. Foi demais para os portugueses. Arbitrário, responsável pela degustação do pobre Sardinha, cometendo um monte de besteiras, e, além de tudo, vendo se estabelecerem franceses protestantes numa terra absolutamente beata e católica, Duarte foi destituído de suas funções e chamado de volta a Lisboa.

Em seu lugar enviaram Mem de Sá, um governador muito mais competente que seu antecessor. Prosseguiu com a política de concessão de sesmarias,[3] montou um importante engenho de cana de açúcar às margens do Rio Sergipe e se

---

3 N.E.: Instituto jurídico português que normatizava a distribuição de terras destinadas à produção. No Brasil, foi praticado desde o início das Capitanias Hereditárias. Fonte: Wikipedia.

mandou para a Baía de Guanabara para expulsar os franceses, que seriam a personificação do demônio. O pau comeu para valer. Os franceses tinham como aliados os índios tamoios, e Mem de Sá obteve o apoio de base dos índios temiminós, chefiados pelo famoso cacique Arariboia que acabou virando estátua em Niterói, mas isso, muitos e muitos anos depois. Os temiminós e os tamoios, apesar dos traços em comum, não se davam nada bem. O reduto dos primeiros era a atual Ilha do Governador, que na época se chamava Paranapuã, de onde foram expulsos pelos últimos.

A luta foi acirrada, com muitas perdas para ambos os lados. Ora os franceses obtinham vantagem, ora a perdiam para o adversário. O grande responsável por sua expulsão foi o bravo Estácio de Sá, sobrinho de Mem, que acabou fundando, num pequeno istmo situado entre o Morro Cara de Cão e o Morro do Pão de Açúcar, a cidade de São Sebastião do Rio de Janeiro, onde edificou a Fortaleza de São João. A data oficial da fundação da cidade é 20 de janeiro de 1565, dia de São Sebastião. O santo se tornou padroeiro da nova cidade, que, diga-se, a bem da verdade, não era ainda considerada maravilhosa.

A luta com os franceses só terminou em janeiro de 1567, quando foram expulsos definitivamente da Baía de Guanabara. Livre dos invasores e com seus dois fortes, um em frente ao outro, o Rio de Janeiro tornou-se quase inexpugnável. Foi se expandido em direção ao antigo Morro do Castelo, derrubado em 1921 para liberar a circulação do ar e ampliar o centro da cidade.

E com a fuga dos franceses e a derrota dos tamoios, seus aliados, fica encerrado mais um capítulo da nossa história, que segue com a União Ibérica, os Estados do Maranhão e do Brasil, a invasão holandesa e a Insurreição Pernambucana. Acho que está tudo interligado.

-4-

A União Ibérica etc.

Quando D. Sebastião — filho de D. João III e décimo sexto rei de Portugal — desapareceu em 1578, e a com a morte sem herdeiros de seu tio e sucessor D. Henrique I, Portugal ficou meio num beco sem saída, porque com essas complicações de dinastia se tornou uma espécie de domínio espanhol, e um festival de Felipes passou a governar o país. O fato é que houve muita confusão, algumas batalhas no Alentejo e escaramuças em outras pequenas cidades, até que Felipe II da Espanha foi finalmente aclamado Felipe I de Portugal. Parece coisa de maluco, mas é a mais pura das realidades. Tivemos o I, o II e o III de Portugal, respectivamente II, III e IV de Espanha — parece que era o único nome que os reis católicos ibéricos gostavam de adotar.

    Quando retornou para Madri, Felipe II deixou o cardeal Alberto de Áustria como vice-rei e estabeleceu o Conselho de Portugal para tratar dos assuntos pertinentes ao portugueses. Apesar de pertencer à Espanha, Portugal manteve suas leis, sua moeda e indiretamente o seu próprio governo. Paralelamente, foram criados diversos conselhos nos quais ninguém se entendia e as chamadas governações — tanto a espanhola quanto a portuguesa foram um festival de contradições, reclamações, pequenas revoltas. Portugal conseguiu manter uma autonomia em relação a seus territórios, mas ficou enfraquecido perante seus antigos aliados, que eram inimigos declarados da Coroa Espanhola.

A União Ibérica resultou em grande influência por parte da Espanha, porque Portugal possuía domínios na costa africana e em grande parte do Oceano Índico, além, é claro, do nosso Brasil. A Espanha mantinha o controle das terras situadas na América Central e do Sul, o que implicava dizer que tinha poderes nos oceanos Atlântico e Pacífico. Na verdade, tirando o chamado Atlântico Norte, quase todo o resto do novo mundo passou a ser dominado pelas terras de Castela, e tal domínio afrontava diretamente a Inglaterra e a Holanda, o que deu início a diversas escaramuças por todos os oceanos.

A nós interessam somente os problemas e as invasões holandesas. Foram invadidos territórios no Ceilão, no Japão, na África e no Brasil, onde os holandeses estiveram na Bahia, em Pernambuco, na Paraíba, no Rio Grande do Norte, no Ceará e em Sergipe, sem contar os constantes ataques de corsários holandeses contra embarcações portuguesas no Atlântico e, principalmente, no Índico.

Os holandeses invadiram primeiro a Bahia, em 1624, com uma expedição de mais de 1500 homens comandados por Jacob Willekens. Ficaram no bem-bom até o ano seguinte, quando foram expulsos por reforços vindos da Espanha, porque se dependesse do reconhecido esforço baiano, acho que teríamos uma filial das Guianas Holandesas no meio da nossa costa atlântica. Mas isso é mera conjectura, sem nenhuma comprovação histórica. O que ocorreu de fato é que em 1625 a Espanha enviou uma poderosa armada, composta de cinquenta e dois navios e quase quatorze mil homens, com comando compartilhado entre espanhóis e portugueses. Os holandeses foram devidamente derrotados e expulsos em 1º de maio de 1625, e muitas baianas parece que ficaram a chorar.

Mas a invasão holandesa mais famosa e mais importante, comentada e conhecida, tendo até resultado em romances e filmes, ocorreu entre 1630 e 1654. Em 1630 a coisa foi para valer. O local escolhido foi Pernambuco, que, por sua enorme produção de açúcar, era a Capitania mais rica do Brasil: 7280 holandeses desembarcaram em fevereiro na praia do Pau Amarelo, fortemente armados, transportados por uma frota de 66 embarcações pertencentes à Companhia das Índias Ocidentais. A resistência foi muito pequena, e os batavos conquistaram Olinda quase como se estivessem passeando pelos canais de Amsterdam. Não tiveram nenhuma dificuldade para chegar a Recife.

O território conquistado recebeu o nome de Nieuw Holland, que em bom português quer dizer Nova Holanda. E em 1637, devidamente patrocinado pela poderosa Companhia das Índias Ocidentais, lá desembarcou uma das figuras mais marcantes na história do desenvolvimento do nordeste brasileiro, o conde Maurício de Nassau. Culto, humanista, aberto ao diálogo, com grande tolerância religiosa, veio acompanhado de arquitetos, engenheiros, artistas, agricultores, escritores, enfim, trouxe uma equipe que revolucionou totalmente o marasmo existente no Brasil. Construiu a cidade de Mauritsstad, hoje Recife, e abriu ruas, fez calçamento, criou jardins, construiu diques e canais. Foram edificados belos imóveis, entre eles o seu palácio Freeburg, um observatório astronômico — o primeiro no novo mundo — e em 1644, com a conclusão da primeira ponte da América Latina, a ligação entre o atual Bairro de Recife e a Cidade Maurícia. A colônia judaica da cidade era a mais importante das Américas, e contava com duas sinagogas. Entre os notáveis artistas que acompanharam Nassau, não há como esquecer o pintor Frans Post, que aqui chegou com 24 anos de idade e deixou registradas em suas telas e desenhos momentos marcantes da nossa natureza, da nossa gente e das obras realizadas por seus conterrâneos batavos.

Recife era considerada a cidade mais cosmopolita das Américas. Maurício de Nassau estabeleceu uma relação amigável entre os holandeses e os senhores de engenho e incentivou a reestruturação dos engenhos de açúcar no Nordeste. Criou ainda o primeiro sistema de coleta de lixo, um serviço de bombeiro, um museu de história natural, um jardim botânico e um zoológico. Enfim, o que se pode dizer, sem fugir da mais absoluta verdade, é que realizou entre 1637 e 1644, quando retornou à Holanda, bem mais do que os portugueses fizeram de 1500 até o ano da chegada do conde holandês.

Examinando com mais cuidado tudo o que ocorreu no período da dominação holandesa no Nordeste — principalmente no campo econômico, onde, por terem tomado conhecimento de técnicas de produção mais modernas e obtido maiores lucros, além de terem encontrado uma administração muito mais liberal e nada tacanha, os senhores de engenho compactuavam com a Companhia das Índias Ocidentais — muitos historiadores e estudiosos se colocaram do lado dos holandeses. Domingos Fernandes Calabar, considerado um traidor, é uma figura da nossa história que precisa ser repensada e estudada com outros olhos. Seria traição querer o melhor para sua terra? Seria traição querer desenvolvimento? Seria traição não aceitar a sujeira das ruas e a total falta de cuidado sanitário nas vilas e cidades pertencentes à Coroa Portuguesa? Seria traição rejeitar a intolerância religiosa imposta pelo clero português?

Que cada um tenha sua opinião. A minha ficou bem clara em tudo que perguntei.

Aproveito para informar que a União Ibérica terminou em 1640, tendo Portugal reassumido de fato e de direito plena autoridade sobre seus territórios. Português não aguentava mais nem ouvir falar em Felipe.

Os grandes entraves da administração holandesa eram o alto custo para manter as cidades e suas administrações, a distância da Holanda, a falta de mão de obra para trabalhar nas imensas plantações de cana. Mudaram sua política contra a escravatura e começaram a traficar escravos da África para o Brasil. Aumentaram muito os impostos, e foi este talvez o fator mais relevante para deflagrar as revoltas contra os holandeses, que culminaram em 1654 com a segunda Batalha dos Guararapes, marcando a expulsão e o fim do domínio holandês no Brasil.

A história da resistência, das guerrilhas e batalhas contra os holandeses fazem parte da chamada Insurreição Pernambucana. Vamos a ela.

Os conflitos começaram em maio de 1645, pouco tempo depois do regresso de Maurício de Nassau para a Holanda, comandados primeiramente por João Fernandes Vieira, um próspero senhor de engenho de Pernambuco que antes do aumento de impostos sobre o açúcar produzido se dava relativamente bem com os holandeses: voltamos ao eterno mote de que o dinheiro sempre fala mais alto, e não tem cor, nem cheiro, nem pátria; vale o que pesa no bolso. Várias outras personalidades aderiram à insurreição, como o governador Matias de Albuquerque, sempre em companhia do índio potiguar Filipe Camarão e do mestre-de-campo Henrique Dias.

A tática empregada era a de guerrilhas, conhecida como "companhia de emboscadas". Ficavam em pequenos grupos no meio da vegetação ou das florestas e atacavam de surpresa os holandeses, que desconheciam completamente essa forma de guerrear. Séculos depois, durante a Guerra do Pacífico, os japoneses a empregaram com enorme eficácia contra americanos e britânicos. Os asiáticos a usaram, também com sucesso, contra os franceses na Indochina; mais tarde mudou de nome e de invasores, mas foi ainda a mesma tática que despachou os americanos de volta para o lar na mais estúpida das guerras, partindo-se do princípio de que uma guerra é sempre estúpida.

A estratégia foi aos poucos minando a moral dos soldados holandeses. Já reforçados por mais tropas portuguesas, principalmente as que chegavam da Bahia, os insurretos lhes infligiram pesadas perdas na Batalha do Monte Tabocas.

Espanha e Holanda assinaram um acordo de paz em

1648. Como sempre ocorre nessas confusões diplomáticas de interesses escusos, parecia que ninguém mais se entendia, pois se até 1640, quando terminou a União Ibérica, os espanhóis eram aliados dos portugueses, oito anos mais tarde estavam assinando um acordo com a Holanda! Nesse mesmo ano ocorreu a primeira Batalha dos Guararapes, na qual os holandeses sofreram um duro revés. Após diversos conflitos menores, foram finalmente derrotados em 1654, na segunda Batalha dos Guararapes, e se retiraram para seus canais, enquanto os portugueses retomavam seus territórios.

Grande parte das tropas holandesas estava em guerra contra os ingleses. Terminada a guerra Anglo-Neerlandesa, a Holanda exigiu que Portugal devolvesse as terras que lhes haviam sido tomadas. Temendo uma nova e poderosa invasão holandesa, a Coroa Portuguesa aceitou suas exigências, e para que os batavos não nos criassem mais problemas, aceitaram pagar a importância de quatro milhões de cruzados — nem sei calcular o que daria em valores de hoje, mas deve ter sido uma boa quantia. Em seis de agosto de 1661, exatamente sete anos depois de terem sido derrotados, os holandeses assinaram em Haia o tratado de mesmo nome, pelo qual renunciavam formalmente aos territórios perdidos no nordeste, se comprometendo a não mais invadi-los.

E como nessa história tem uns fatos interessantes, vamos a um deles. Como foi dito anteriormente, em Recife se concentrava a maior colônia judaica das Américas. Pois os senhores portugueses deram aos judeus o prazo de exatos três meses para que ou se convertessem ao catolicismo ou abandonassem o país. Como nenhum deles tinha a intenção de virar churrasco nas fogueiras da Inquisição, se desfizeram de seus bens e partiram a bordo de 16 navios, alguns retornando para a Holanda enquanto outros se estabeleceram nos Estados Unidos, principalmente na Ilha de Manhattan, que, com sua chegada, obteve um crescimento importante.

Os descendentes dos judeus expulsos de Recife tiveram grande destaque no desenvolvimento financeiro dos

Estados Unidos: Gershom Mendes Seixas, por exemplo, foi aliado e homem de confiança de George Washington durante a Guerra da Independência dos Estados Unidos; seu irmão, Benjamim Mendes Seixas, foi um dos fundadores da Bolsa de Valores de Nova York; e outros se transformaram em importantes banqueiros e homens de negócios.

Enquanto isso, Pernambuco, junto com todo o nordeste, entrou num processo de declínio, em parte pela mudança do centro político e econômico para o sudeste e em parte pela perda de mercado internacional do nosso açúcar, que passou a ser pretérito, ultrapassado pelo refinado e de melhor qualidade que os holandeses produziam nas Antilhas.

Posso não ter entendido nada do que li e pesquisei, mas parece que a lógica não foi tão lógica assim. Quanto a Calabar, não viveu para ver no que deu essa embolada, ou terá sido um xaxado?

E para terminar este capítulo, vamos tratar do Estado do Maranhão e do Estado do Brasil, divisão meio fora de propósito que perdurou de 1621 até 1755. Durante a União Ibérica, já devidamente consignada, os espanhóis resolveram promover uma divisão na colônia. Foram criados dois estados: o Estado do Brasil, que começava em Pernambuco e ia até Santa Catarina, e o Estado do Maranhão, indo do Ceará até o Amazonas — lembrando que na ocasião dessa divisão muito sem pé nem cabeça o nosso território terminava onde está hoje o Estado de Santa Catarina.

Entendiam os doutos espanhóis que o Maranhão teria uma importante posição estratégica para o desenvolvimento do norte e do nordeste, sendo um ponto de partida para a colonização dessas regiões. Nunca poderiam imaginar que o Estado ficaria até hoje sem nem conseguir se colonizar, digo, colonizado ele foi, mas em favor de alguns poucos que nenhuma importância deram ao resto da população.

Os senhores já notaram que tenho uma certa implicância com o Maranhão, com o perdão de todos os seus honrados, dignos trabalhadores e sofredores habitantes: sua miséria, sua inaceitável rede hospitalar, sua falta de saneamento básico, suas estradas esburacadas, enfim, tudo o que existe de pior está por lá. E a implicância é por ser seu capitão-mor uma das figuras que mais detesto em toda a nossa História, eu e muita gente boa.

A capital do Estado do Maranhão já era São Luís. Já o Estado do Brasil tinha sua capital em Salvador. Quanto aos direitos e deveres perante as leis não havia nenhuma distinção, todos seguiam ao pé da letra o que determinavam as Ordenações Manuelinas e em seguida as Filipinas. A bagunça administrativa era geral e irrestrita. Em 1751, a sede da capital do Estado de Maranhão foi transferida para Belém, e o Maranhão ficou sendo chamado de Grão-Pará e Maranhão.

No século XVII o chamado Estado do Brasil ia do que é atualmente o Pará até o Rio Grande do Norte, ainda descendo até Santa Catarina. No século seguinte continuou a crescer, com a incorporação do Rio Grande de São Pedro, o nosso atual Rio Grande do Sul, da região do interior de Minas e de grande parte da região do Amazonas. O Estado do Maranhão ficou meio sem razão de ser, até que o senhor Sebastião José de Carvalho e Melo, mais conhecido historicamente como Marquês de Pombal, o extinguiu de vez. Foi também o Marquês que em 1763 mudou a sede do governo-geral de Salvador para o Rio de Janeiro, promovendo o que já se percebia como uma grande diminuição do poder econômico do nordeste, que gradativamente estava se transferindo para a região do Centro-Sul do país.

-5-

Revoltas nativistas e separatistas

A motivação para os movimentos nativistas, bem como alguns dos movimentos separatistas, era de ordem econômica. Já outros entre os separatistas tiveram como razão a tentativa de libertar o Brasil da dominação portuguesa.

Com o crescente desenvolvimento da colônia, onde quase tudo que se produzia beneficiava a matriz — no caso, Portugal, detentor de todos os lucros —, começaram a surgir reações contra essa política mercantilista mais do que exagerada, bem como contra o abuso de impostos cobrados pela Coroa. Se o motivo fosse somente o excesso de impostos, um movimento separatista seria perfeitamente plausível hoje em dia, devendo o Brasil se separar de Brasília, terra da fantasia, do faz-de-conta, do apadrinhamento, do descaso, do descaramento e dos altos rendimentos. Assim, o Brasil ficaria com sua produção industrial e agrícola, os serviços e a extração mineral, e Brasília continuaria produzindo corrupção, descaso, projetos que nunca saem do papel. Talvez assim, pela primeira vez em toda a sua vida, deputados, senadores, ministros e secretários dos mais diversos e absurdos escalões viessem a descobrir que existe na língua portuguesa um verbo cuja existência ignoravam e que nunca tentaram conjugar: "trabalhar".

Retomando o fio da meada, foi com a transferência

do império do açúcar que a economia nordestina começou a declinar. Com o surgimento do império do ouro e das pedras preciosas, muitos dos movimentos nativistas ganharam maior importância. Os mais importantes foram a Revolta de Beckman, a Guerra dos Emboabas, a Guerra dos Mascates e a Revolta de Felipe dos Santos. Já as revoltas separatistas importantes são a Inconfidência Mineira e a Conjuração Baiana.

Pelo interesse que desperta, pelo muito que foi estudada e analisada, vamos dar uma atenção especial à Inconfidência Mineira. No que se refere às demais, nos limitaremos a uma pequena pincelada, com o objetivo de que dela tomem conhecimento aqueles que as ignoram. E mesmo quebrando a cronologia, vamos deixar para o próximo capítulo o movimento chamado de Entradas e Bandeiras e suas consequências, tanto no campo financeiro como no social, o que trouxeram em matéria de povoamento e de ocupação territorial, bem como as atrocidades e selvageria cometidas pelos bandeirantes, que nem sempre constam do currículo escolar.

A Revolta de Beckman ocorreu no ano de 1684, tendo como líderes os irmãos Manuel e Tomás Beckman que se opunham ao descalabro administrativo no Maranhão, sempre o Maranhão. Em 1682 Portugal havia criado a Companhia do Comércio do Maranhão, que tinha como missão comprar gêneros agrícolas da região, vender produtos manufaturados e acabar com a escravidão dos índios, substituindo-a pela dos africanos. Foi uma roubalheira só. Nada foi feito nem conseguido, a não ser mais ganhos para a Coroa. Estando ausente o governador — já nessa época os governadores adoravam viajar —, eclodiu uma revolta contra os desmandos da Companhia. Seus galpões foram saqueados e os irmãos Beckman exigiram uma melhoria das relações entre Maranhão e Portugal, além do fim da Companhia. Tomás viajou a Portugal para jurar lealdade às autoridades lusas e denunciar as falcatruas, mas Portugal nem deu bola: enviou tropas para combater os revoltosos e liquidar com os dois irmãos. Somente em 1685, quando todas as denúncias contra a Companhia foram comprovadas, a Coroa resolveu extingui-la. Mas Manuel e Tomás já haviam sido enforcados.

A Guerra dos Emboabas foi travada em Minas Gerais entre 1707 e 1709, quando os bandeirantes paulistas passaram a exigir exclusividade na mineração de ouro em todo o país. Os mineiros não aceitaram, e muito menos a leva crescente de portugueses que desembarcavam no Brasil em busca do novo Eldorado. Os conflitos, violentos, tiveram como motivo básico o ouro e sua exploração. Os bandeirantes, basicamente mamelucos e índios, se achavam com direito às minas por eles descobertas, e passaram a chamar os forasteiros e aventureiros que chegavam em grande quantidade de "emboabas" — que no dialeto tupi quer dizer "pássaro de pés emplumados" —, porque usavam sempre botas, enquanto os bandeirantes andavam descalços.

O comércio de mantimentos nas Minas Gerais era monopólio dos emboabas, que com isso enriqueceram, e muito. Seu principal representante era Manuel Nunes Viana, também proprietário de inúmeras fazendas de gado na região do São Francisco e sócio de vários comerciantes baianos. A briga estourou de fato quando Borba Gato, antigo bandeirante que fora nomeado administrador das minas — ou seja, representante do poder real, que entre outras atribuições devia coibir o contrabando de ouro — proibiu o comércio entre as Minas e a Bahia. Contra isso se insurgiu Nunes Vieira, que tinha o apoio da maioria emboaba. Os paulistas, concentrados no Rio das Mortes, reagiram, foram cercados e aceitaram a rendição e a condição de que depusessem suas armas imposta pelos emboabas, que em seguida os massacraram sem dó nem piedade, no local que ficou conhecido como Capão da Traição. Depois disso, os demais paulistas deixaram as Minas Gerais e penetraram pelo interior de Goiás e do Mato Grosso, onde descobriram novas e importantes jazidas.

A Guerra dos Mascates ocorreu em Pernambuco logo em seguida, entre 1710 e 1711. O conflito surgiu depois da expulsão dos holandeses, que haviam sido os responsáveis

pelo crescimento de Recife, lembrando que quando chegaram era Olinda a principal cidade, a que Recife estava subor-
dinada. Olinda era controlada pelos senhores de engenho,
enquanto em Recife predominavam os comerciantes, na sua
maioria portugueses, chamados de "mascates".

Pois o crescimento de Recife começou a incomodar os
senhores de Olinda, principalmente a partir do momento em
que os comerciantes intentaram se libertar de sua autoridade
municipal. Em 1703, Recife conseguiu o direito de representação na Câmara de Olinda, mas a influência dos senhores de
engenho era tal que a representação nunca foi exercida. Em
1709 os recifenses conseguiram criar sua própria Câmara e
se desligaram definitivamente, elevando Recife, até então um
povoado, à condição de vila. Foi o estopim para que em 1710
os olindenses invadissem e tomassem a vila de Recife.

A resposta veio em seguida, com uma forte reação militar dos recifenses, apoiados por outras Capitanias. Só então
foi que os notáveis da Corte descobriram que o pau estava
comendo na casa de noca, e que eles, como senhores de todas
as terras, deveriam tomar uma posição. Em 1711 foi enviado
um novo governante, Felix José de Mendonça, que apoiou os
mascates e mandou prender alguns dos latifundiários olindenses envolvidos no conflito. Para solucionar o problema,
deu uma de Salomão. Estabeleceu que a cada semestre a
administração caberia a uma das cidades: Olinda mandava
durante seis meses e depois quem mandava era Recife, uma
decisão que considero o momento culminante da genialidade
administrativa da Coroa — e ainda ficaram chateados quando começamos a contar piadas de portugueses.

Agora vamos falar um pouco, bem pouco mesmo, da
Revolta de Filipe dos Santos, mudando novamente de polo e
voltando do açúcar para o ouro. Ocorreu em Minas, provocada pela insatisfação total e irrestrita dos donos das minas
de ouro de Vila

Rica, razão pela qual também é conhecida como Revolta de Vila Rica. Houve um aperto na cobrança do imposto

pela Coroa, o quinto, 20% do total de todo o ouro extraído, conhecido como "ouro quintado". A cobrança era feita nas Casas de Fundição, e por decreto era proibida a circulação do ouro em pó ou em pepitas. Quem fosse pego era preso e condenado a graves punições, sendo a mais usual o degredo para a África.

Indignados com essas medidas e instigados por Filipe dos Santos Freire — um tropeiro pobre do qual pouco se sabe, a não ser que tinha o dom da oratória e era querido pelo povo —, os revoltosos pegaram em armas e ocuparam a Vila Rica. O Conde de Assumar, governador da região, negociou com os mineiros e prometeu atender suas reivindicações, sendo as principais o fim das Casas de Fundição e a diminuição dos impostos. Assim que os revoltosos se retiraram, o conde ordenou que as tropas portuguesas invadissem Vila Rica. Os líderes foram presos e suas casas e fazendas incendiadas. Filipe dos Santos, tido como o cabeça do movimento, foi julgado sumariamente, condenado ao enforcamento e em seguida esquartejado.

Terminada a revolta, Portugal aumentou ainda mais a fiscalização para combater a evasão e o contrabando do ouro. Para ter mais controle na região foi criada a Capitania de Minas Gerais, e muitos historiadores consideram que, mesmo sendo uma revolta de caráter nativista, a Revolta de Filipe dos Santos foi o embrião para uma outra já de caráter separatista, a Inconfidência Mineira.

-6-

ENTRADAS E BANDEIRAS

E como falamos muito em ouro, daremos uma pausa nas revoltas e iremos para as Entradas e Bandeiras, ligadas diretamente ao ouro e às pedras preciosas.

Até o século XVII a economia brasileira era fundamental açucareira, mas, com o incremento da produção holandesa nas Antilhas, como já relatamos, os portugueses começaram a incentivar a descoberta de jazidas de ouro e de pedras preciosas, que já existia em pequena escala, com pequenas expedições em busca de metais desde que em 1545 os espanhóis haviam descoberto por acaso a rica mina de prata de Potosí, na Bolívia. Se havia na Bolívia, por que não haveria no Brasil? E começaram as chamadas "entradas", expedições sertanistas oficiais, isto é, *made in* Portugal e partindo da Bahia, do Espírito Santo, do Ceará, de Sergipe e de Pernambuco em direção ao interior.

Um pouco depois de Felipe II ter criado a Capitania de Sergipe del-Rei, ficou famosa a entrada dos sergipanos em busca de Sabarabuçu — do tupi "serra resplandecente" —, uma montanha toda de prata que estaria localizada no interior de Sergipe. Por décadas o sertão sergipano foi devastado em busca desse sonho prateado; quando não a encontraram em Sergipe, passaram a procurar no Espírito Santo e até mes-

PAULO DE FARIA PINHO

mo em Minas Gerais, mas tal serra de prata nunca passou de um devaneio, fazendo parte das muitas lendas e mitos que envolvem a busca de metais preciosos no Brasil.

Outro grande mito na busca de riquezas nasceu na Capitania do Espírito Santo, onde se procurava uma serra não de prata, mas de esmeraldas. Em 1596, o capitão-do--mato Diogo Martins Cão — conhecido como o "Matante Negro" ou "Matador de Negros", tal era sua ferocidade quando encontrava escravos fugitivos —, partiu em companhia do bandeirante Francisco de Proença em busca da tão decantada montanha de esmeraldas, e enquanto procurava, caso encontrasse escravos fugidos das senzalas, fazia jus a seu apelido com enorme denodo e capacidade. Voltou de mãos abanando para Vitória, enquanto Proença retornou para São Paulo e foi tratar de procurar ouro.

Ao contrário das entradas, que eram patrocinadas pela Coroa, as bandeiras, partindo principalmente de São Paulo, já poderiam ser classificadas como uma iniciativa privada. O nome "bandeiras" tem origem na tradição de levarem uma bandeira à frente do grupo, mas alguns historiadores atribuem essa denominação ao fato de que os bandeirantes, através da intriga e de outros métodos condenáveis, procuravam criar hostilidade entre as tribos indígenas para minar suas resistências e tornar mais fácil a captura dos silvícolas para escravizá-los e vendê-los, auferindo um belo lucro com essa civilizada empreitada. Os bandeirantes davam a essa tática o nome de "levantar bandeiras".

Existiam três tipos de bandeiras:

— a apresadora, que tinha como único alvo o aprisionamento e a venda dos índios como escravos pela malta que as integrava; durante essas expedições ocorreram diversos conflitos, com os índios, que obviamente não tinham nenhum interesse em se transformarem em escravos, e também com os jesuítas; a violência e a crueldade dos bandeirantes nunca foi ensinada nas escolas, porque seria denegrir mais ainda a história tão louvável do nosso querido Brasil;

— a de prospecção, que, como o nome indica, tinha o objetivo de descobrir metais e pedras preciosas entrando pelo interior, desbravando terras e aumentando o nosso território, como aconteceu no interior do Mato Grosso e principalmente no sul do país; mas como os bandeirantes não era exatamente a fina flor da nossa emergente sociedade, ao mesmo tempo em que procuravam riquezas não perdiam a oportunidade de capturar nativos e escravos fugitivos; no fim do século XVII a prospecção se instaurou principalmente na região de Minas Gerais, onde foram descobertas importantes jazidas de ouro que fizeram a alegria da Coroa, dos bandeirantes, dos proprietários das minas e dos corsários e piratas ingleses, que, com suas bem armadas galeras, só tinham o trabalho de transferir o ouro de uma embarcação para outra, enriquecendo mais ainda a rica e poderosa Inglaterra;

— e por último havia ainda o bandeirantismo de contrato, bandeirantes contratados por representantes da Coroa ou pelos senhores de engenho com a finalidade de combater e destruir os indígenas mais violentos, que atacavam constantemente as propriedades rurais, e recapturar os escravos fugitivos; tinham também a missão de atacar e aniquilar os quilombos, que se organizavam no interior do nosso território.

As entradas e bandeiras deixaram um saldo positivo, com a expansão territorial e o combate aos invasores de origem espanhola e nativos de suas colônias. Fundaram vilas e fortificações, e com a descoberta das minas tornaram o Brasil mais rico e desenvolvido. Devemos aos bandeirantes a chamada "dilatação de fronteiras", com a incorporação ao nosso território de terras como Goiás, parte do Mato Grosso e Minas, parte de Santa Catarina, Paraná e o Rio Grande do Sul.

O saldo negativo foi a crueldade bestial com que capturaram e assassinaram milhares de índios, escravos e muitos jesuítas.

Os bandeirantes vestiam calças e camisas de algodão e usavam chapéus de palha. Alguns calçavam botas de cano longo, enquanto outros, tal como os índios, andavam descalços, envolvendo as pernas com perneiras de couro que os protegiam de picadas de insetos, de cobras e de outros animais que abundavam pelas terras que iam desbravando. Cobriam o peito com um gibão de couro acolchoado de algodão, algo como uma rudimentar cota medieval que servia de proteção contra as flechadas que recebiam. Cruzaram o Brasil em todas as direções partindo de São Paulo, Antônio Raposo Tavares chegou ao Amazonas, sem ter a menor ideia de que um dia seria inventado o GPS.

Os três bandeirantes mais importantes foram Fernão Dias Pais Leme, seu genro Borba Gato e Bartolomeu Bueno da Silva, mais conhecido pelo nome de "Anhanguera".

Durante quatro anos ininterruptos, Fernão Dias percorreu terras que pertenciam ao Espírito Santo e hoje formam grande parte do Estado de Minas Gerais. Borba Gato, também bastante conhecido, acompanhou o sogro em suas andanças e foi de grande importância para o que se chamou de Ciclo do Ouro. Fernão Dias fundou inúmeras vilas e encontrou suas famosas pedras verdes, razão pela qual entrou para a história como o "caçador de esmeraldas". Acreditou que descobrira um verdadeiro Eldorado, mas suas esmeraldas nada mais eram do que simples turmalinas. Não teve o desgosto de saber que seu sonho não passara disso, um simples sonho. Morreu de febre amarela em 1681, no meio da mata, em pleno outono.

Bartolomeu Bueno da Silva (filho), que herdou nome e apelido do pai, por ser também conhecido como Anhanguera, encontrou muito ouro na região perto de Goiás. Suas expedições começaram em 1701, e andou por Sabará, onde se instalou. Pouco tempo depois voltou a Goiás, já com o cargo de regente das minas. Fundou o arraial de Santana, onde hoje está a cidade de Goiás, tendo caído no ostracismo em 1733, quando suas falcatruas, principalmente a vasta sonegação, foram levadas ao conhecimento do governo central. Bartolomeu Bueno da Silva (pai), que começou sua bandeira em 1682, como todo bandeirante não era flor que se cheirasse; mas, ao contrário da violência bestial de seus companheiros de profissão, usou de pura astúcia para conseguir dos índios informação sobre o ouro com que as mulheres se adornavam. Colocou numa cabaça a aguardente que trazia num bornal, e por ser transparente, fez com que os índios acreditassem que era água. Em seguida, sob os olhos incrédulos dos silvícolas, colocou fogo na cabaça, convencendo-os de que havia ateado fogo à água e ameaçando fazer o mesmo com todos os rios que abasteciam a região, caso não lhe mostrassem a localização das pepitas. Apavorados, os pobres lhe indicaram os rios onde as haviam encontrado e lhe deram o nome indígena de "Anhanguera", que no dialeto tupi quer dizer "diabo velho". Sua bandeira partiu em seguida em busca das lendárias minas que existiriam na serra dos Martírios, mas que nunca foram encontradas. Francisco de Assis Carvalho Franco, em seu *Dicionário de bandeirantes e sertanistas do Brasil: séculos 16, 17 e 18*, informa que seu filho, ainda menino, participou dessa expedição.

Vamos explicar, de modo sucinto, as formas de prospecção do ouro no Brasil, onde o metal era encontrado na superfície ou em pequena profundidade. No começo do Ciclo do Ouro eram explorados os veios encontrados nos leitos dos rios; depois se passou a procurá-lo nos tabuleiros, às margens dos rios, e mais tarde, foi explorado na grupiaras, encostas mais profundas. Predominou no país o ouro de aluvião, depositado no fundo dos rios e de fácil extração, mas que se esgotava rapidamente, fazendo com que a mineração passasse a ser à lavra, a grande extração. À medida que o ouro se tornava mais raro, as jazidas eram abandonadas e passavam a ser exploradas por pequenos mineradores, sendo então chamadas de faiscação ou pequena extração. Nas jazidas à lavra ou de grande extração o trabalho era quase todo feito por escravos. No final da década de 1720 foram descobertos diamantes e outras pedras, preciosas e semipreciosas.

O início da mineração no Brasil é atribuído às descobertas de Antônio Rodrigues Arzão, em 1693. Mas a grande corrida começa, efetivamente, com as descobertas das minas em Ouro Preto por Antônio Dias de Oliveira, no ano de 1698. E foi realmente uma corrida, com a chegada de aventureiros e verdadeiros bandidos a transformarem diversas regiões de Minas em terra de ninguém. Só ficaram faltando John Wayne e Gary Cooper.

Com tantos mineradores, o ouro de aluvião se esgotou em pouco tempo. Para satisfazer o apetite da Coroa tornou-se necessário aprofundar mais a busca, com a abertura de minas mais profundas, o que implicava em mais trabalho e mais maus tratos para os escravos. A Coroa cobrava o quinto, mas como havia muita sonegação — coisa que sempre existiu por aqui e se torna cada vez maior —, além de contrabando e desvio da produção, criou um novo imposto para não ficar no prejuízo, exatamente como acontece hoje. Quando o valor dos impostos devidos não alcançava o mínimo exigido, deveriam os colonos entregar joias e bens pessoais para completar o montante estipulado, um tributo que recebeu o nome de derrama e foi responsável por diversas revoltas.

Com a demanda de ferramentas, implementos e comida, sem os quais não há condição de se trabalhar em busca do bem tão cobiçado, o comércio se intensificou. Um dos resultados da corrida do ouro foi o grande aumento da pecuária: bois viravam carne, para alimentar os mineradores e toda uma espécie de civilização que gravitava em torno das minas. Surgiram mais padres, muito mais burocratas, advogados, médicos, artesãos, mascates e militares, uma população que crescia em torno da exploração de metais preciosos. A população de Minas passou rapidamente a ser a maior do Brasil, estabelecida nos povoados e vilas próximos a Ouro Preto e Mariana, sendo 78% de mestiços e negros; os brancos, em número bem menor, eram em grande parte cristãos-novos, vindos principalmente do norte de Portugal, dos Açores e da Ilha da Madeira.

Os escravos é que pagavam o pato. Trabalhavam sob as piores condições, o dia inteiro em pé, ou curvados, com as pernas mergulhadas nos rios, isso, quando não eram soterrados pelos desabamentos que ocorriam nas minas com certa frequência. Também abriam estradas, construíam pontes, casas, chafarizes — português é doido por um chafariz — e muitas, muitas igrejas, para purificar os pecados dos que transformavam seres humanos em animais. A distribuição de renda era da pior qualidade, e a população era pobre, com exceção dos que viviam em Vila Rica, Mariana, Sabará, Serro e Caeté; faltavam alimentos e o custo de vida era altíssimo, mas nada disso, como se sabe, foi privilégio do Ciclo do Ouro.

O Rio de Janeiro, para onde o polo econômico foi se transferindo gradativamente, se transformou na sede administrativa de fato da colônia. De seu porto bem abrigado, protegido pelas fortalezas que o tornavam quase intransponível, partiam as embarcações do senhor rei de Portugal repletas de ouro, prata e pedras preciosas, e do que ainda havia de pau-brasil, animais e alimentos. Mas o pessoal foi ficando cansado de tudo ir para a Coroa, e influenciados pelas ideias liberais que brotavam na Europa, principalmente na França, começaram os movimentos separatistas. O mais falado e conhecido de todos foi a já mencionada Inconfidência Mineira.

-7-

A Inconfidência Mineira

Este é um assunto controvertido, por ter a Inconfidência sido motivada pelo fator econômico, os altos impostos cobrados pela Coroa, a derrama. Mas havia, é certo, o desejo nascente de tornar o Brasil independente de Portugal, como ocorrera com os Estados Unidos, que haviam se libertado da Inglaterra. A guerra de independência terminou em 1783, tendo os americanos contado com o apoio da França e da Espanha, tradicionais rivais dos ingleses.

A maioria dos brasileiros nem sabia da existência dos Estados Unidos da América, mas tal como ocorrera no movimento americano, foi forte a influência dos iluministas sobre os nossos inconfidentes, principalmente de John Locke, de Voltaire — defensor da liberdade de pensamento e crítico feroz da intolerância religiosa —, de Jean-Jacques Rousseau — que acreditava que somente num estado democrata se conseguiria a igualdade entre todos —, de Montesquieu — que entendia ser fundamental a divisão entre os poderes Legislativo, Executivo e Judiciário —, de Denis Diderot e de Jean le Rond d'Alembert. Levando-se em consideração o péssimo nível cultural reinante na colônia, somente uma elite intelectual é que poderia ter conhecimento do pensamento desses filósofos e pensadores. Portanto, a Inconfidência Mineira foi um movimento elitista, sem participação popular.

Faziam parte do grupo de Vila Rica, atual Ouro Preto, os poetas Cláudio Manuel da Costa, Tomás Antônio Gonzaga e Inácio José de Alvarenga Peixoto os coronéis Domingos de Abreu Vieira e Francisco Antônio de Oliveira Lopes, o padre Luís Vieira da Silva e o alferes Joaquim José da Silva Xavier, mais conhecido como Tiradentes, de todos os inconfidentes o de mais baixa condição social e menos preparado culturalmente. Depois de proclamada a independência, pretendiam criar uma república, tudo muito bonitinho, só se esqueceram de conseguir o apoio dos militares e das guarnições, ou seja, certamente pretendiam fazer a primeira revolta separatista brasileira citando frases dos iluministas e declamando poesia. Francamente.

É sempre interessante salientar que a inconfidência tinha limites de independência: o que pretendia era a libertação de Minas Gerais, sem nenhum projeto para o resto do Brasil. E sendo os conjurados tão influenciados pelos iluministas, faltou luz em relação aos escravos africanos, que em nenhum momento pretenderam libertar. Enfim, era um projeto separatista muito avançado: Minas ficaria independente, com todas as suas riquezas; e os escravos seguiriam trabalhando como bestas de carga.

A história coloca toda a culpa pelo fracasso e prisão dos inconfidentes no Sr. Joaquim Silvério dos Reis, que denunciou seus companheiros às autoridades portuguesas em troca do perdão de suas dívidas. O fato é real e incontestável, mas se as autoridades portuguesas não fossem completamente tapadas, é lógico que dela já teriam pleno conhecimento, principalmente porque o alferes comentava abertamente sobre o movimento nas tascas que frequentava — leiam o livro *Tal dia é o batizado*, de Gilberto de Alencar. Mesmo assim, a denúncia foi fundamental para que os inconfidentes fossem aprisionados e enviados para o Rio de Janeiro, onde foram julgados e condenados pelo "crime de lesa-majestade", o de maior gravidade que se poderia perpetrar contra a figura do rei. Eis o que estabelecia a legislação em vigor:

Lesa Magestade quer dizer traição còmeltida contra a pessoa do Rey, ou seu Real Stado, que he táo grave e abominavel crime, e que os antigos Sabedores tanto estranharaõ, que a comparavaõ à lepra, porque assi como esta enfermidade enche todo o corpo, sem nunca mais se poder curar, e empece ainda aos descendentes de quem a tem, e aos quais elle conversaõ, pelo que he apartado da comunicação da gente: assi o erro de traição condena o que a commette, e empece e infama os que de sua linha descendem, postoque não tenhaõ culpa.[4]

Foram os doze líderes da inconfidência condenados à morte, no dia 18 de abril de 1792. No dia seguinte, a rainha Maria I de Portugal comutou as penas para a de degredo, com exceção de Tiradentes, que se autoproclamara o cabeça do movimento, o que pelos motivos culturais já expostos fica meio complicado de se entender. Mas pode até ser verdade, porque Tiradentes era realmente um falador. Contou também na sua condenação o fato de ser o conjurado de mais baixa condição social, o que sempre pesou, pesa e continuará pesando nas sábias decisões judiciais brasileiras.

No dia 21 de abril Tiradentes foi enforcado no Campo da Lampadosa. Em seguida seu corpo foi levado para a Casa do Trem, onde hoje se situa parte do Museu Histórico Nacional, no centro do Rio de Janeiro, onde foi devidamente esquartejado. Seu tronco foi enterrado como indigente e a cabeça e os quatro membros foram salgados para serem preservados, enviados para Minas Gerais e pregados em diversos pontos do Caminho Novo, menos a cabeça, que ficou exposta em Vila Rica num poste colocado à frente da sede do governo. Foi a forma que a Coroa encontrou para desestimular novas revoltas.

---

4 *Ordenações Filipinas*, Livro 5, Tit. VI: Do crime de Lesa Magestade. Rio de Janeiro: Cândido Mendes de Almeida,1870. Fonte: http://www1.ci.uc.pt/ihti/proj/filipinas/l5p1153.htm.

Os demais condenados foram enviados para as colônias portuguesas na África, e os religiosos recolhidos em conventos no interior de Portugal. Na África faleceram Domingos de Abreu Vieira, o poeta Alvarenga Peixoto e Domingos Vidal. Os demais acabaram se integrando ao comércio e até à administração local.

E assim se conta a história da Inconfidência Mineira, ou parte dela, fatos e dados que mesmo transmitidos de uma geração a outra podem não corresponder completamente à realidade histórica. A bandeira dos inconfidentes foi mais tarde adotada pelo Estado de Minas Gerais e a data do enforcamento de Tiradentes transformada em feriado nacional, mais um dos muitos que tanto contribuem para o comércio, a indústria, as atividades produtivas e financeiras da nossa querida e idolatrada pátria amada Brasil.

Cansei de mineiros. Estou de mudança para a Bahia.

-8-

A Conjuração Baiana

Ao contrário da elitista Inconfidência Mineira, a Conjuração Baiana surgiu nas camadas mais humildes da Bahia, contando com a participação de mulatos, negros e comerciantes, principalmente os alfaiates, razão pela qual também é conhecida com a Revolta dos Alfaiates. O principal líder do movimento foi o médico e político Cipriano Barata, ao lado do soldado Luiz Gonzaga das Virgens e dos alfaiates Manuel Faustino e João de Deus Nascimento. Foi o mais democrático de todos os que ocorreram nos tempos coloniais, porque incluiu pessoas de todas as classes, até mulheres negras.

As causas da conjuração foram as de sempre: os altos impostos cobrados pela Coroa, a enorme insatisfação com o domínio português, a falta de alimentos e o descontentamento crescente contra a escravidão, e até nisso foi muito mais digna do que a Inconfidência Mineira, que, como já disse, estava pouco se lixando para os escravos. Pregava a libertação da Bahia do jugo português, a implantação da república, a liberdade comercial — inclusive com outros países, com a abertura dos portos — liberdade e igualdade entre as pessoas, a abolição da escravidão e aumento salarial para os soldados.

Durante o mês de agosto de 1798 os líderes do movimento começaram a pregar e espalharam panfletos pelas ruas e nas portas das igrejas. A revolta ganhou força com as pessoas mais simples, que viram nela um movimento radical em andamento, e um movimento que pensava nelas.

A administração colonial já estava preparada para enfrentá-lo quando o ferreiro José da Veiga, um dos revoltosos, traiu seus companheiros, informando às autoridades o dia e a hora em que o levante aconteceria. Presos diversos conjurados, começou um processo de delação, tipo delação premiada, com os detidos entregando os demais participantes do movimento, que foi inteiramente dominado e esmagado pelas tropas portuguesas.

A Coroa foi exemplar na punição aos revoltosos, e condenou os líderes ao enforcamento seguido de esquartejamento. Os restos de Lucas Dantas do Amorim, soldado, Manuel Faustino dos Santos, aprendiz de alfaiate, Luiz Gonzaga das Virgens, soldado, e João de Deus Nascimento, mestre alfaiate, foram espalhados pela Bahia para dar o exemplo de que não se devia tentar nada contra o domínio português.

Os quatro punidos com a pena capital ou eram pessoas de posição social mais baixa, ou tinham uma cor de pele que não era a favorita da Coroa. Os outros revoltosos sofreram penas mais brandas. Cipriano Barata foi preso no dia 19 de novembro, julgado e absolvido da pena capital. Ficou detido até janeiro de 1800. Muitos dos conjurados eram membros da Loja Maçônica Cavaleiros da Luz, e tal fato muito pesou nas absolvições. Ficaram patentes mais uma vez os princípios básicos que norteiam todo o processo penal brasileiro, desde os tempos coloniais: cacete nos pobres e uma grande boa vontade das autoridades julgadoras para os que pertencem às classes mais elevadas.

E vamos nos encaminhando para 1807, quando D. João, fugindo das tropas de Napoleão Bonaparte, se mandou de Portugal. Aportou por aqui em janeiro de 1808, ficando até 26 de abril de 1821, quando partiu do Rio de Janeiro, retornando a Portugal.

-9-

A Corte no Brasil

Neste capítulo vou abusar das informações contidas no livro do jornalista Laurentino Gomes já citado, porque por mais que tenha pesquisado, ele é quem mais pesquisou, acho que exauriu a matéria com enorme competência e belíssimo texto. Espero não ser processado por plágio.

Pois enquanto Napoleão Bonaparte ia derrotando exércitos, conquistando países, criando leis, edificando e melhorando a cidade de Paris, em Portugal, onde havia enorme atraso, principalmente em relação à Inglaterra e à França, reinava D. João, que nem rei de Portugal era, porque sua mãe, D. Maria, a chamada rainha louca, que era realmente louca, ainda estava viva. Então nosso João bonachão governava na condição de príncipe regente.

Napoleão ameaçou invadir a terrinha com parte diminuta de seu exército caso os portugueses não aceitassem o chamado bloqueio continental, imposto pelo pequeno corso para isolar a Inglaterra, grande parceira comercial de Portugal. A medida visava impedir que qualquer embarcação inglesa atracasse em porto europeu.

Ora, os ingleses, que sempre foram mestres em política internacional, fizeram pressão para que D. João e sua corte fugissem para o Brasil, deixando o povo entregue à própria

sorte. O regente relutava, e num jogo meio de empurra ne-
gociava com Napoleão, até que o imperador perdeu de vez a
paciência e mandou que Portugal fosse invadido. Se estivesse
com vontade de comprar uma briga, o que não era seu estilo,
e não estivesse tão comprometido com os ingleses, talvez D.
João até pudesse se opor ao exército napoleônico, que não era
tão assustador. As tropas enviadas eram comandadas pelo general Jean-Andoche Junot, que de grande general não tinha
nada, não valia um quinto do marechal Murat. Era um estra-
tegista bem fraquinho, e seus homens eram novatos, membros de legiões estrangeiras que não estavam muito a fim de
dar seu sangue, suor e lágrimas por Napoleão. Quando entraram em Lisboa os soldados estavam em péssimo estado de
conservação e os cavalos esqueléticos; faltava armamento, faltavam alimentos, faltava aquilo a que Napoleão sempre deu
enorme importância como gênio militar: intendência.

O que temos de real mesmo é que, com todo o apoio
náutico inglês, na bela manhã de sol do dia 29 de setembro
de 1807 os portugueses viram, de queixo caído, seu príncipe,
sua rainha louca, a princesa vesga e manca Carlota Joaquina,
os príncipes D. Pedro e D. Miguel e mais ou menos umas
12 mil pessoas — o que incluía nobreza, conselheiros, militares, juízes, membros de famílias abastadas e muitos religiosos — na beira do cais, sem contar uma quantidade enorme
de serviçais, cozinheiros — principalmente os especializados
em frangos e galinhas —, camareiras, pajens e cavalariços.
E muita grana, porque D. João limpou tudo o que havia de
valor nos palácios reais de Mafra e Queluz, além de metade
da moeda circulante na terrinha, prata, ouro, pedras preciosas e os diamantes brasileiros que, de importados, passaram
à condição de reexportados. E exatamente às três da tarde a
população lisboeta, inteiramente perdida e sem rumo, ouviu
o som dos canhões da esquadra inglesa do almirante Sidney
Smith saudando a ilustre frota portuguesa, que deixava o Tejo
e se aventurava pelo Atlântico em direção ao Brasil.

A viagem foi de lascar. Teve de tudo, tempestade, calmaria, ração pouca, comida estragada, conforto zero. Parte da frota foi para um lado e outra para outro. Faltou água. Tinha português entulhado por cima de português, doenças, e muito, mas muito piolho.

Era piolho que não acabava mais, e Carlota Joaquina e outras damas da corte, para escapar, rasparam completamente seus cabelos e desembarcaram usando turbantes.

A travessia demorou quase dois meses. A mais forte das tempestades dispersou a frota, sendo que metade dos navios — inclusive o Príncipe Real, onde estavam D. João, a rainha louca e diversos nobres, e o Alfonso de Albuquerque, com a princesa Carlota e os filhos — seguiu em direção noroeste, enquanto o restante rumou para sudoeste, em direção a Cabo Verde.

D. João decidiu ir para a Bahia, e não para o Rio de Janeiro, como fora previamente acordado, e lá chegou no dia 22 de janeiro, depois de muita chuva, fome, sede e infestações. Parte da frota já aportara no Rio de Janeiro, em 17 de janeiro.

Muitos historiadores afirmam que a ida para a Bahia foi acidental, enquanto outros garantem que foi uma estratégia engendrada pela Coroa para agradar a gregos e troianos. Como a Bahia fora a primeira capital da colônia e perdera esse *status* em 1763, seria uma forma de compensar os baianos, que não se conformavam com a perda de sua situação, um jeito de fortalecer a unidade nacional e mostrar a importância que a Bahia continuava tendo — um jogo político que tanto pode ter saído da cabeça nem sempre muito limpa de D. João quanto ter sido uma trama urdida por seus conselheiros, isso nunca se saberá.

Antes de entrarem na Baía de Todos os Santos, D. João, familiares, nobres e tripulantes tiveram um grande alívio quando a eles se juntou o bergantim Três Corações, que saíra de Pernambuco trazendo a bordo uma grande quantidade de cajus, pitangas, bananas e outras frutas frescas. Foi sua primeira alegria, um regalo depois de quase dois meses à base de uma dieta mais do que forçada de carne seca, nem sempre em bom estado de conservação, biscoitos — alguns mofados —, vinho avinagrado e água de péssima qualidade.

Ancoraram no dia 22 de janeiro, mas D. João e sua comitiva desembarcaram somente no dia 23. Uma multidão se espremia no cais para receber o ilustre visitante. Salvas de canhões foram disparadas das fortalezas e sinos repicaram nas igrejas repletas de ouro, principalmente a da Sé, onde D. João foi recebido pelas autoridades eclesiásticas com uma missa de ação de graças em sua honra. Foi uma semana de festa, com muita música, danças, fogos de artifício, tudo bem ao gosto dos baianos, que parecem ter nascido festeiros. Houve também repetitivas e longas cerimônias de beija-mão, enfim, foi mais ou menos assim que se passou a primeira semana da família real em Salvador da Bahia, com seu casario todo branco, suas inúmeras e belas igrejas, considerada por todos como a mais bela cidade do império colonial.

Era uma cidade relativamente pequena, com 46 mil habitantes. As igrejas, os conventos, as residências tipo sobrado das famílias mais ricas e as edificações públicas ficavam na cidade alta, enquanto na baixa ficava o bairro comercial, as residências das famílias menos abastadas, os entrepostos, o mercadão de escravos, o arsenal e todas as oficinas de reparos e construção naval.

Mas tudo era sujo, sem esgoto, estreitas as ruas, com o cheiro misturado de tudo que se pode imaginar — frutas, doces, peixe frito, chouriços de diversas qualidades, cães, gatos, porcos, aves domésticas, escravos —, o barulho de vozes se misturando aos pregões dos vendedores. As casas, normalmente com dois andares, eram mal iluminadas: na parte de baixo ficavam os escravos, as cavalariças, os animais domésticos, e o segundo andar é que se poderia chamar de residência.

Por forte imposição da Igreja, as filhas das famílias mais abastadas eram mantidas reclusas, para que ficassem distantes da promiscuidade que reinava na cidade. Festas religiosas se misturavam a danças e rituais profanos, principalmente os trazidos da África pelos escravos. Havia uma considerável rede de prostituição, sendo que muitas senhoras usavam suas escravas como forma de aumentar a renda familiar, criando uma espécie de "meretrício doméstico".

A família real passou um mês na Bahia. D. João e sua mãe ficaram hospedados no Palácio do Governo, enquanto Carlota e seus filhos ficaram morando no Palácio da Justiça. No dia 28 de janeiro, D. João assinou a carta régia abrindo os portos brasileiros a "todas as nações amigas" — em bom português, os ingleses, que com a Europa dominada por Napoleão eram os únicos "amigos". Historiadores afirmam que Lord Strangford, representante inglês na Corte Portuguesa, colocou como condição para liberar o bloqueio que impedia a saída de D. João, fugindo de Napoleão, a abertura dos portos brasileiros aos navios ingleses, com livre concorrência para os produtos advindos do território inglês e uma tarifa bem menor do que a praticada na época. Portugal engoliu, a frota partiu de Lisboa e os portos brasileiros foram abertos para os ingleses. O resto é pura história.

D. João também criou a primeira escola de medicina, a primeira empresa de seguros — que ficou conhecida como Comércio Marítimo —, e concedeu licenças para a construção de fábricas de vidro, pólvora e outras, que anteriormente eram direito único e exclusivo da Coroa. Mandou abrir estradas, melhorar a fortificação defensiva da entrada da baía, criou dois esquadrões de cavalaria e um de artilharia e ordenou a construção de 25 barcas canhoneiras, que serviriam para proteger não só a Bahia, como boa parte da nossa costa.

E em 26 de fevereiro, apesar dos apelos de toda a população baiana — argumentando que não só o Rio de Janeiro era a capital, como também a Baía de Guanabara muito mais protegida, o que o deixaria mais sossegado em relação a um possível ataque dos navios de Napoleão, além de não aguentar mais tanto cheiro de dendê —, D. João se mandou de Salvador. No dia 7 de março de 1808 sua frota adentrava a Baía de Guanabara, sendo saudada com o disparo dos canhões situados nas fortalezas que guarneciam sua entrada e pelo repicar dos sinos.

D. João recebeu a bordo o vice-rei, membros da comissão da Câmara, militares, magistrados e muitos, mas muitos padres e bispos. Primeiro se dirigiam à nau Príncipe Real para as reverências de praxe ao senhor D. João e depois seguiam para a Alfonso de Albuquerque, onde se encontrava Carlota Joaquina.

No dia seguinte desembarcava em terra uma corte em estado meio deplorável de conservação, tendo à frente um príncipe regente gordo, malcuidado, malvestido, com as roupas frouxas e uma face em que ao vivo e em cores, como se diz hoje em dia, não resplandecia a imagem que nos chegava da Corte através de quadros e moedas; as damas ainda usavam turbantes, traumatizadas pelos piolhos adquiridos a bordo durante a travessia do Atlântico. O medo de piolho era tanto que deu uma história mais do que ridícula, que serve para mostrar o nível em que se encontrava a colônia: nossas emergentes — porque no Rio de Janeiro sempre houve, há e haverá emergentes para dar e vender — também rasparam suas madeixas e passaram a usar turbantes, por acreditarem piamente que era a última moda nas cortes europeias. Séculos depois, os descendentes dessas ilustres senhoras foram morar na Barra da Tijuca.

Foi celebrado um Te Deum na catedral, e em seguida aconteceu a famosa cerimônia do beija-mão, uma constante durante todo o tempo em que a Corte permaneceu no Brasil. Só ao anoitecer a família real foi descansar no Paço Real. Mortos de cansaço, desabaram em seus leitos enquanto a festa prosseguiu pela madrugada, com fogos, música, danças, declamações de versos, tudo em homenagem ao esgotado príncipe, que só queria um pouco de silêncio.

Ficaram poucos dias no Paço Real. D. João logo se mudou para um palácio mais amplo e mais bem decorado, situado no bairro de São Cristóvão. D. Carlota, que há muito não compartilhava nem cama nem mesa com o príncipe, foi para uma chácara em Botafogo, e a rainha Dona Maria para o convento dos carmelitas, que foram transferidos por determinação da Coroa. No convento foram instaladas cozinhas, oficinas e a Real Ucharia, nome dado à despensa real. Nos anos em que D. João ficou no Brasil, a Real Ucharia foi motivo de várias trapaças, enriquecimentos ilícitos, desvios, enfim, coisas que no futuro se tornariam cotidianas na nossa pátria amada.

Mas o grande problema era alojar todos os portugueses desembarcados com o príncipe: era português que não acabava mais para uma cidade que tinha, no máximo, 60 mil habitantes, sem contar a quantidade enorme de escravos. A solução foi a mais simplista, democrática e honesta que se possa imaginar, sendo as residências requisitadas por um sistema que recebeu o nome de "aposentadorias"; as letras P e R, colocadas nas portas das casas, queriam dizer "Príncipe Regente", mas o carioca, sempre gozador, mudou seu significado para "Ponha-se na Rua".

Os proprietários deveriam em tese receber um aluguel, mas os valores eram sempre aviltantes e muitos portugueses se esqueciam completamente de que deviam pagar, como o Conde de Belmonte, que se instalou numa bela mansão recém-construída pelo patrão-mor do porto, caso típico de primeira locação: não pagou um centavo e ficou com todos os escravos do senhorio, que foi morar com sua família numa casinha que mandou edificar em parte do quintal da mansão, enquanto o nosso Belmonte, no maior descaramento, usava e abusava da casa principal. A Duquesa de Cadaval, assim como diversos outros membros da comitiva do nosso príncipe, seguiu a mesma política. Os aluguéis subiram de modo vertiginoso, e a vinda da Corte provocou um aumento considerável no custo de vida na cidade do Rio de Janeiro.

Terminada a ocupação de Lisboa pelas tropas napoleônicas, o Rio de Janeiro se transformou no mais importante porto de todo o Império Português. Mais de um terço de tudo que se importava e exportava passava pelo porto do Rio, que era também o maior mercado de escravos das Américas. Os navios negreiros faziam um constante vaivém e os depósitos onde desembarcavam suas "mercadorias" viviam abarrotados.

A cidade impressionava quem nela chegava, com seu ar bucólico, as construções uniformes, a esplendorosa natureza, as torres das igrejas, a movimentação do porto coalhado de mastros. Mas ao desembarcar, o visitante tinha a maior decepção possível: a cidade era mal planejada e as ruelas estreitas; as casas, cujas fachadas recebiam uma mão de cal, eram mal conservadas no interior, e os móveis de péssima qualidade.

O pior era a sujeira que predominava. Em seu livro *Travels in South America, During the Years, 1819–20–21, Containing an Account of the Present State of Brazil, Buenos Ayres, and Chile*, publicado em 1825, Alexander Caldcleugh relata ter ficado pasmo com o número de ratos que transitavam livremente pela cidade, sem serem incomodados, e infestavam também as residências, onde durante uma refeição era fato corriqueiro a passagem dos roedores, como se fossem animais domésticos. O historiador Oliveira Lima escreveu que "a limpeza da cidade estava toda confiada aos urubus".

O sistema de coleta de dejetos, fezes e urina, era dos mais primitivos que se possa imaginar. Toda manhã eram transportados por escravos, que carregavam grandes barris repletos de excrementos e os atiravam no mar. Foi o início do processo de poluição da Baía de Guanabara, que perdura até os dias de hoje e tem nos custado quantias impensáveis para ser desfeito, uma dessas fábulas que resultou numa verdadeira fábula. Um efeito colateral desse sacolejar de tonéis e barris é que não havia como evitar que parte do que continham caísse na vias públicas, escorresse pelas costas e marcasse a pele dos escravos, que, depois de certo tempo, passaram a ser chamados de "tigres".

A população era inculta e despreparada. Vestia-se sem nenhum requinte; os banhos eram raros, e os modos da dita "sociedade carioca" à mesa assustavam os europeus. O pintor

Debret, que aqui aportou em 1816 como integrante da Missão Artística Francesa, se declarou perplexo com a total falta de conhecimento dos princípios básicos de boas maneiras.

Para os que podiam pagar, a alimentação se constituía de peixe com muito molho, muitas frutas, verduras e água. Pão de trigo era raridade, em virtude do alto custo da farinha. A carne vinha de Minas Gerais ou do Vale do Paraíba; os bois chegavam doentes ou muito magros, e eram abatidos em matadouros onde predominava uma sujeira indescritível. A carne suína, que também era consumida, não era apresentada em melhores condições, razão pela qual cólicas e disenterias eram habituais. O melhor mesmo era comer carne seca, que por sua forma de tratamento era muito mais saudável do que a carne fresca, e juntamente com a farinha de mandioca e o feijão constituía uma sólida base alimentar.

As doenças eram muitas, e o calor em muito ajudava a propagá-las. Não havia médicos. A medicina era praticada pelos barbeiros do modo mais rudimentar possível: suas famosas sangrias eram o remédio mais aplicado. A única exceção eram os doutores vindos de Portugal, que atendiam basicamente os membros da Corte, funcionários, religiosos e homens de negócio que acompanhavam a comitiva real.

D. João era um homem profundamente religioso. Tinha pavor de tempestades, trovoadas, caranguejos e banhos. Era desleixado com a higiene, com os cabelos, e, principalmente, com suas roupas. Contra a picada inflamada de um carrapato lhe foram recomendados banhos de mar, que ele tomou coberto por um barril, com pavor de ser atacado por caranguejos. Parecem ter sido os únicos durante todo o tempo em que viveu no Brasil; acredita-se mesmo que durante toda a sua vida foram estes os únicos banhos que tomou, e sempre dentro da mencionada barrica.

Príncipe regente desde 1799, como já vimos, somente em 1816, dois anos após o falecimento de D. Maria, D. João foi aclamado rei, sob o nome de D. João VI. Como homem, era de certa mediocridade, sem muitas vontades. Tinha dúvidas constantes em todas as decisões que precisava tomar, sendo aconselhado mais vezes por religiosos do que por homens de Estado. Casou-se com Carlota Joaquina para ceder aos interesses reais das casas de Espanha e Portugal. Tiveram uma vida mais do que conturbada; viveram muito pouco tempo sob o mesmo teto, morando cada um em seu próprio palácio, já em Lisboa e mais tarde no Rio, onde ficaram ele na dele e ela no frescor de Botafogo. Mas tiveram tempo suficiente para conceber nove filhos, ou seja, pelo menos nas poucas horas que passou junto de Carlota, D. João era competente.

O rei só se referia a si na terceira pessoa do singular. Dizia: "Sua Majestade deseja sair para passear"; "Sua Majestade está cansado e precisa dormir"; "Sua Majestade está com muita fome" — parece o nosso Edson Arantes do Nascimento, que só fala e conversa com o Pelé, dizem que ficam horas conversando, trocando opiniões, e do diálogo entre os dois até hoje não se sabe quem consegue dizer o maior número de besteiras. Usava quase sempre a mesma roupa, uma vasta casaca esverdeada com galões dourados e cotovelos puídos, recusando-se a mudá-la mesmo quando seu estado estava mais do que depreciado. Nos bolsos ensebados levava seus mais do que famosos franguinhos assados, que ia devorando entre uma refeição e outra.

Houve três personagens importantes na vida de D. João. O primeiro foi D. Rodrigo de Souza Coutinho, muito ligado aos ingleses, herdeiro e afilhado do Marquês de Pombal que costurou com enorme capacidade a vinda da família real para o Brasil. Seu sucessor foi Antônio de Araújo Azevedo, o Conde da Barca, homem profundamente culto e responsável pela importação das impressoras inglesas que tornaram possível a implantação da imprensa no Brasil, sendo seu outro grande mérito a chegada ao país da Missão Artística Francesa em 1816, na qual se sobressaiu a figura de Debret. Depois de seu falecimento, o homem de confiança do rei passou a ser Thomaz Antônio Villanova Portugal, que a bem da verdade era quem governava: D. João nem uma asa de frango comia sem antes saber o que achava D. Thomaz. E ainda havia D. Carlota, figura complexa, dominadora, ambiciosa, definida pelo historiador Oliveira Lima como "um dos maiores, senão o maior estorvo da vida de D. João VI".

Carlota Joaquina era uma conspiradora nata. Fez a primeira de suas diabruras em 1805, quando participou de um golpe para destronar o marido da função de príncipe regente e assumir a regência de Portugal. D. João, que já estava com a paciência nos limites com as manias e grosserias de Carlota, passou a viver separado dela. Já instalada em terras brasileiras, armou mais uma, tentando assumir o trono das colônias da Espanha na América depois que seu irmão, Fernando VII, foi deposto por ordem de Napoleão. Quando a família real voltou para Portugal, D. Carlota se recusou a assinar a Constituinte mais liberal, que era a vontade de D. João e seus assessores. Foi confinada no Palácio do Ramalhão, mas mesmo distante da Corte tentou armar mais um golpe, para coroar rei de Portugal o seu filho querido, D. Miguel — deu com os burros n'água e D. Miguel foi exilado.

Sua farta história ainda continua, porque alguns historiadores afirmam que teria participado de um suposto envenenamento de D. João, que faleceu em 1826 com crises de náusea e vômitos, sintomas comuns nas cortes da Europa, onde envenenar reis e príncipes era uma tradição. E mesmo depois da morte do marido meteu-se em mais uma, de novo com D. Miguel, para fazê-lo regente no lugar de Isabel Maria, que regeu Portugal entre 1826 e 1828.

Dizem até que na concepção de alguns dos nove filhos do casal não houve a participação direta do nosso D. João bonachão, mas tudo não passa de mera especulação. Ainda no Brasil, D. Carlota teria participado do assassinato de Gertrudes Pedra Carneiro Leão ocorrido no Catete, tendo corrido o boato de que seu marido, Fernando Carneiro Leão, presidente do Banco do Brasil, era seu amante.

D. Carlota odiava o Brasil, sua gente, sua comida, seu clima. No retorno para Portugal, ficou famoso seu ato de tirar as sandálias e batê-las contra a amurada da embarcação, exclamando que tirava de seus pés o último grão de poeira do Brasil: "Afinal, vou para terra de gente!"

Mas retornemos à chegada da Corte no Brasil. A grande maioria dos portugueses foi trabalhar para a Coroa, gente que não acabava mais acabou pendurada em cargos que foram criados, comissões, muito mais do que o necessário. Uma comparação marcante é o número aproximado de mil funcionários que o presidente americano John Adams levara consigo em 1800 — portanto, oito anos antes da chegada de D. João —, quando transferiu a sede do governo americano da Filadélfia para Washington. Aqui, logo depois da chegada da família real portuguesa, eram quase 10 mil vivendo e dependendo dos brasileiros. D. João foi o precursor do PT.

Nos treze anos que se seguiram os gastos foram enormes. Triplicaram. A corrupção era majestosa. A Ucharia Real desperdiçava dinheiro sem ter onde buscá-lo, embora os sempre mui amigos ingleses tenham emprestado 600 mil libras esterlinas, uma fortuna que foi se avolumando, crescendo e engordando. Quando da independência, em 1822, o débito herdado pelo império recém criado foi de 2 milhões de libras. Outra grande solução foi a criação do Banco do Brasil, com seus acionistas entrando com o dinheiro que era recompensado por títulos de nobreza e empregos em repartições e novos departamentos, e toca dinheiro a ser emitido, sem nenhum lastro, para manter a Corte. O resultado mais do que esperado foi que em 1820 o banco estava falido. Quando se mandou para Portugal, D. João carregou tudo que ainda havia nos cofres em ouro, prata e diamantes. Enfim, como se usa o termo hoje em dia, deixou para os brasileiros a famosa "moeda podre".

O Banco do Brasil foi liquidado por absoluta falta de fundos em 1829. Somente foi reaberto em 1853, com a seriedade que foi marca registrada de um grande brasileiro, o imperador D. Pedro II. Mas D. Pedro, o das barbas brancas, era um outro homem e uma outra história, que será contada mais adiante.

D. João criou também o famoso "caixinha, obrigado", tão em voga até hoje, e que nada mais era que uma comissão de 17% cobrada em todos os saques ou pagamentos do tesouro. Muitos dos que chegaram na comitiva real ficaram milionários, principalmente Joaquim José de Azevedo e Bento Maria Targini. O que mais impressionava visitantes estrangeiros e autoridades de outros países era o número de títulos criados durante a estadia de D. João. Nos seus oito primeiros anos de governo, o bonachão príncipe regente conseguiu criar mais nobres do que Portugal criara em seus últimos 300 anos de história.

Donos dos mares e de meio mundo, os ingleses continuavam mandando e desmandando. Enviavam o que queriam para o Brasil. Aqui chegavam tecidos, ferramentas, pequenas máquinas agrícolas, instrumentos necessários para o desenvolvimento de uma pequena indústria que começava a prosperar, mas também desembarcavam patins de gelo, trenós, mantas e pesados casacos, adequados ao duro inverno britânico — tudo era adquirido e adaptado pelos brasileiros.

Em 1810 foi assinado o tratado que reduzia a tarifa cobrada sobre produtos vindos da Inglaterra. Os ingleses passavam a ter o direito de entrar e sair quando e como quisessem, adquirir o que desejassem de terras e propriedades, e, pior, qualquer delito ou crime por eles cometido no Brasil seria julgado por um tribunal constituído por magistrados britânicos.

Mas vamos passar a falar bem, das coisas boas que aconteceram enquanto a Corte esteve por aqui. Foi inaugurado o deslumbrante Jardim Botânico do Rio de Janeiro. Fábricas e estaleiros foram construídos, empresas estrangeiras se instalaram, começou a prosperar no Brasil um comércio que antes inexistia. Estradas foram abertas, foram criadas diversas faculdades e o ensino leigo foi introduzido. Surgiu a *Gazeta do Rio de Janeiro*, o primeiro jornal publicado no Brasil. As casas sofreram melhorias, ruas foram abertas, palácios edificados; a cidade se expandiu, e em 16 de dezembro de 1815 D. João elevou o Brasil à condição de reino autônomo, integrante do Reino Unido de Portugal, Brasil e Algarves, ficando o Rio de Janeiro como capital da Coroa.

Já falamos, mas cai bem reprisar, da vinda da Missão Artística Francesa, na qual se sobressaíram, entre outros artistas e professores, Jean-Baptiste Debret, os irmãos Taunay e o arquiteto Grandjean de Montigny. A Missão tinha como objetivo principal possibilitar um desenvolvimento cultural até então inexistente no Brasil, mas seus custos para a já endividada monarquia excederam em muito os seus resultados.

A terrinha enfrentava um momento de profunda turbulência, revoltas aparecendo em diversos pontos do país, principalmente porque, se encontrando a Corte no Brasil, Portugal, a bem da verdade, era um protetorado inglês, e quem mandava de fato era o marechal Beresford. D. João, constantemente alertado de que seu retorno a Portugal era exigência de toda a nação, estando o povo português revoltado contra as regalias com que haviam sido aquinhoados ingleses e brasileiros, pouco se incomodava. A revolução, que fora sufocada de modo brutal pelos ingleses em 1817, eclodiu muito mais violenta em 1820, na cidade do Porto. O marechal Beresford, que viera ao Rio com o objetivo de obter mais recursos e apoio de D. João, foi impedido de desembarcar em Lisboa, e o governo passou a ser exercido por uma Junta de caráter liberal, que exigia a liberdade de imprensa, a aprovação de novas leis, o fim da Inquisição e a retirada dos poderes abusivos de diversas ordens religiosas. Exigia, acima de tudo, a volta de D. João a Portugal.

D. João, como sempre claudicante nas decisões, pensou em enviar D. Pedro em seu lugar, mas tal ideia foi completamente rechaçada pelos liberais portugueses. Sem nos aprofundarmos muito no que se passava na Europa — afinal, este livro se chama *Minha História do Brasil* —, D. João se encontrava na chamada sinuca de bico. E assim foi que no dia 26 de abril de 1821, apesar das manifestações no Rio de Janeiro exigindo que aqui ficasse e com os olhos cheios de lágrimas, porque adorava o Brasil, nosso monarca bonachão retornou para Portugal, acompanhado de uma comitiva de aproximadamente 4 mil portugueses, ou seja, quase um terço dos tinham vindo fugindo de Napoleão. Deixou como príncipe regente seu filho D. Pedro.

É quase unanimidade entre os historiadores o fato de ter sido D. João, com sua vinda e a instalação da capital no Rio de Janeiro, o grande responsável por evitar que o Brasil se dividisse em diversas nações, como ocorreu no restante da América do Sul. E ter mantido o Brasil com suas dimensões continentais já basta para justificar a estadia do nosso guloso D. João.

-10-

D. Pedro, a independência
e o primeiro monarca brasileiro
(ainda tem a Guerra da Cisplatina)

Tendo a família real se instalado no Palácio da Quinta da Boa Vista, construído pelo maior traficante de escravos do Brasil, ali teve o jovem Pedro as primeiras aulas com Frei Antônio de Arrábida, seu professor e confessor.

Pedro era um menino rebelde. Não queria muita coisa com os estudos, preferindo andar a cavalo e brincar no porto com os garotos pobres. Estudou pintura, mas não levava jeito. Gostava de música, tendo composto algumas peças de gosto duvidoso e divertidas modinhas e lundus. Gostava também de uma farra, da boemia, da companhia de belas mulheres; saía do palácio escondido e disfarçado para frequentar com mais tranquilidade as noites das tavernas e prostíbulos de cidade.

O herdeiro aprontou, e muito. Quando estava de caixa baixa, o que era frequente, mandava comprar cavalos, os marcava com o selo da Fazenda Real de Santa Cruz e os passava adiante, com ótima margem de lucro, para os endinheirados, que se gabavam de possuir um animal saído das coudelarias reais. Mal sabiam eles que o príncipe Pedro jamais colocara seu nobre traseiro sobre os ditos animais. Era jogador e um péssimo perdedor; se descontrolava completamente ao ser derrotado numa partida de bilhar, um de seus passatempos preferidos, perdendo somente para as mulheres — usando uma expressão que não é daquele tempo, mas lhe cairia muito bem, "usando saia, não sendo padre nem escocês, tava valendo".

Seu comparsa em aventuras em todos os campos, até em negócios escusos, era o português Francisco Gomes da Silva, o popular Chalaça, que se tornou uma figura lendária, proprietário de casas noturnas no centro da cidade frequentadas por vagabundos, marinheiros, artistas e prostitutas. Segundo informação do historiador Laurentino Gomes, em *1822*,[5] seu outro ótimo livro, acabou se tornando "o alcoviteiro do príncipe nas suas escapadas sexuais". Em tempo, D. Pedro era um boêmio abstêmio, não tocava em álcool. E, infelizmente, sofria de epilepsia.

Teve 13 filhos reconhecidos e cinco naturais — sete com a princesa D. Leopoldina, de quem enviuvou em 1826, uma filha com sua segunda esposa, a duquesa alemã Amélia Augusta, cinco com sua amante brasileira Domitila de Castro, a conhecida Marquesa de Santos, outro com a irmã da própria marquesa, um com a uruguaia Maria del Carmen García, um com a francesa Noémi Thierry e outro com outra francesa, Clémence Saisset, e o último com a monja portuguesa Ana Augusta. Enfim, nesse campo de atividade, Pedro, só perdeu para o czar da Rússia, Pedro, o Grande.

Mais uma informação cultural: Domitila de Castro Canto e Melo conheceu D. Pedro em 1822, poucos dias antes de proclamação da independência, e passou por vários estágios. Em quatro de abril de 1824 foi nomeada dama camarista da imperatriz D. Leopoldina; em 12 de outubro de 1825 é feita Viscondessa de Santos com grandeza; e em 12 de outubro de 1826 acabou elevada ao título de Marquesa

---

5 GOMES, Laurentino. *1822*. Rio de Janeiro: Nova Fronteira, 2010.

de Santos, como ficou conhecida na nossa História. Todas as graças, vantagens, títulos e palácios que obteve — como a Casa Amarela situada em São Cristóvão, bem perto do palácio real — foram conquistados na horizontal. O tórrido romance entre Domitila e o nosso Pedrinho terminou somente em 1829, sendo o motivo principal o segundo casamento de D. Pedro com Amélia Augusta de Leuchtenberg.

As aventuras do imperador e as humilhações sofridas por D. Leopoldina contribuíram para que D. Pedro, que desde 1827 procurava uma noiva de sangue azul, encontrasse enormes obstáculos por parte da nobreza europeia, que recusava entregar uma de suas princesas a tão fogoso amante. Assim, para a realização de suas segundas núpcias teve D. Pedro de aceitar em seu contrato nupcial uma cláusula que o obrigava a se afastar definitivamente de Domitila e a colocá-la para fora da Corte. No entanto, segundo as fofoqueiras da época, o fator — *como sempre não comprovado* — que mais pesou teria sido a tentativa de Domitila de atirar em sua irmã Maria Benedita, baronesa de Sorocaba, ao descobrir que ambas partilhavam o leito de Pedrinho.

Mas vamos sair da alcova e retornar à História. Mesmo não parecendo, estamos escrevendo um livro muito sério, e não as memórias de Casanova.

De Lisboa chegou um decreto exigindo que o príncipe voltasse imediatamente para Portugal, devolvendo o Brasil à antiga condição de colônia. A insatisfação no país já era enorme, e tal decreto foi como um ato de agressão a todos os brasileiros. D. Pedro recebeu um abaixo-assinado com mais de oito mil assinaturas, pedindo que permanecesse no Brasil. Já tendo os olhos voltados para uma possível separação de Portugal, influenciado principalmente por José Bonifácio, no dia 9 de janeiro de 1822 o príncipe declarou sua frase, que entrou para a História como o Dia do Fico e foi um passo fundamental para a independência, que ocorreria em sete de setembro. É mais do que conhecida: "Como é para o bem de todos e felicidade geral da nação, estou pronto. Diga ao povo que fico".

Sua resposta desagradou profundamente à Corte Portuguesa, que cortou benefícios concedidos ao Brasil e também a mesada do príncipe. No dia 7 de setembro, com uma enorme popularidade entre os brasileiros, D. Pedro viajava de Santos para o Rio de Janeiro acompanhado de sua guarda pessoal, quando, às margens do rio Ipiranga, recebeu três cartas, duas da princesa Leopoldina e outra de José Bonifácio de Andrada e Silva, o "Patriarca da Independência". Informavam que, por decisão da Corte ele deixava de ser o regente e deveria retornar imediatamente para Portugal.

É importante ressaltar que calhou de estar às margens do rio Ipiranga, como poderia estar em qualquer outro lugar, tendo parado para tratar de seus intestinos que desde Santos estavam se rebelando contra a diarreia real. Indignado, Pedro, que por natureza já tinha pavio curto, resolveu que era o momento ideal para separar definitivamente o Brasil de Portugal e Algarves, e ali mesmo soltou seu famoso brado da independência, que entrou para a História como "Independência ou morte! Estamos separados de Portugal!"

Essa frase, de grande impacto, pode na verdade ter sido outra, porque com as calças arriadas, ou já levantadas, pode D. Pedro ter dito qualquer coisa, principalmente porque nosso amigo era meio desbocado. Não existe um esclarecimento histórico confiável a respeito de onde se encontravam as ditas calças. De real mesmo temos que o famoso grito da independência foi dito em duas etapas: a primeira, quando na situação acima descrita recebeu as missivas que lhe foram entregues; e a segunda, mais adiante, onde se encontrava com sua guarda pessoal — que entrou para a história oficial como "Dragões da Independência" —, tendo parado para dar um justo e merecido descanso a seus cavalos ao lado de uma pequena venda que recebeu o nome de "Casa do Grito".

Outro fato curioso diz respeito ao famoso quadro de Pedro Américo representando o Grito da Independência, que somente foi apresentado em abril de 1888 e é uma cópia do similar do pintor francês Jean-Louis Meissonier celebrando a vitória de Napoleão na batalha de Friedland. Pedro Américo melhorou os armamentos e as armaduras dos nossos dragões, colocando-as mais ao feitio da famosa Guarda Imperial de Napoleão; e como o grande conquistador somente montava seu conhecido cavalo branco, Pedro Américo, para não repetir a pelagem, mudou-a, e arrumou um belo cavalo para D. Pedro, que, na verdade, vinha de Santos montado numa mula de pelagem clara — pequeno detalhe sem muita importância no contexto da nossa história. É a chamada cultura inútil.

Depois, D. Pedro convocou o poeta Evaristo da Veiga para juntos comporem o nosso Hino da Independência, que por algum tempo serviu como Hino Nacional. Alguns historiadores afirmam que o novo imperador não teria capacidade para compor o hino sozinho, mas ele na verdade teve uma formação musical bem sólida, tocava clarinete, fagote e violoncelo, e nas noites de vadiagem ainda arranhava uma viola. Sabe-se que compôs um "Credo", um "Te Deum", uma "Abertura" que foi executada em 1832 no Teatro Italiano de Paris e o "Hino da Carta", mais tarde adotado como Hino Nacional de Portugal e assim permanecendo até 1910.

Pelo sim, pelo não, vale realmente o que está escrito na partitura, e o nosso famoso "Já podeis, da Pátria filhos/ Ver contente a Mãe gentil" ficou mesmo sendo como de autoria de Pedro I, e a letra, que é meio fraquinha, do nosso Evaristo da Veiga. E estamos conversados.

Além do mais, nossa independência não foi geral, total e irrestrita, porque somente o Rio de Janeiro, São Paulo e Minas se alinharam imediatamente com D. Pedro. Nas demais províncias, encontravam-se tropas portuguesas para impedir que o "Já podeis" entrasse logo em circulação: Pará e Maranhão se mantiveram fiéis a Portugal; Bahia, Pernambuco, Ceará, Alagoas, Paraíba e Rio Grande do Sul se integraram progressivamente à causa da independência. Quem levou mais tempo para ceder foi o Maranhão, mas no fim todos se acertaram e o Brasil não sofreu uma tão temida divisão, como ocorreu no resto da América do Sul. Muitos morre-ram, foram diversas as revoltas, batalhas, desentendimentos, conspirações e traições, mas o Brasil manteve sua unidade territorial.

É fundamental que se ressalte o papel de José Bonifá-cio, antes, durante e depois da independência, que sem ele teria ocorrido em outros tempos, de outro modo, talvez com um verdadeiro banho de sangue e sem que se mantivesse a tão propalada territorialidade nacional. José Bonifácio foi a cabeça pensante, o articulador da nossa independência, fi-cando D. Pedro com o grito, a fama e seu nome gravado para sempre nos compêndios e no imaginário do povo brasileiro.

Outra figura peculiar é a do almirante escocês Thomas Alexander Cochrane, figura mais do que emblemática. Gênio das estratégias navais, combateu as marinhas de Napoleão e espanhola usando táticas ousadas e meio suicidas, dividindo sempre de modo desigual o que apreendia das embarcações inimigas. Ganhou fortunas, perdeu-as, deu um golpe na Bol-sa de Londres, foi preso e ainda assim eleito para o parla-mento, foi demitido da Real Marinha Inglesa, perdeu seu título de nobre e acabou enterrado com honras na Abadia de Westminster. Sua vida daria um filme do gênero "Indiana Jones", e o que tem o Brasil a ver com isso? Simples. Sendo o escocês um aventureiro, mercenário, ávido por dinheiro, quando começaram as guerras de independência na América do Sul se mandou para os lados de cá, onde organizou as marinhas do Chile e do Peru, se tornou herói e fez um es-trago dos diabos nas forças navais espanholas, fazendo jus ao apelido que recebera de Napoleão: "El Diablo", e garantindo assim a liberdade dos mares dos dois países. Achando, porém, que não tinha recebido o suficiente do governo peruano, na calada da noite Lord Cochrane roubou a embarcação onde o general San Martin guardava o tesouro da República do Peru e se mandou. Pagou com o saque a sua tripulação, também recheada de mercenários, e ficou com a parte do leão.

Quando começaram no Brasil os movimentos das

províncias fiéis ao governo português, José Bonifácio coop-
tou Cochrane para organizar a incipiente, péssima marinha
do Império, e lutar contra as províncias rebeldes.

Sua primeira missão foi a Bahia, onde fracassou na
primeira tentativa. Em seguida, vendo que com a tripulação
que lhe era oferecida nada conseguiria, colocou a bordo mercenários ingleses, americanos e homens do mar brasileiros e
bloqueou o porto de Salvador, deixando cativa a esquadra
portuguesa. Com a derrota iminente em terra e sem saída
pelos mares, caiu a resistência da Bahia, que por ser uma província das mais populosas e importantes, e por sua situação
geográfica, era um transtorno para a efetivação da independência.

Encerrado o problema baiano, Cochrane se mandou
para outras localidades que ainda resistiam a Pedro I. Começou pelo Maranhão, onde colaborou para a vitória das tropas
em terra, e mandou seu capitão John Grenfell para o Pará,
onde usando mais um de seus artifícios conseguiu a rendição
da guarnição local sem que um único tiro fosse disparado.
Em compensação, após a tomada de Belém ocorreram cenas
de vandalismo, assassinato e roubo, culminando com a cha-
cina a bordo do brigue "Diligente".

Enquanto isso, Cochrane costurava e bordava em São
Luís, fazendo uma pilhagem digna das ocorridas no Maranhão do futuro. Passou a mão no tesouro da província, da
alfândega, do dinheiro existente em todos os navios mercan-
tes portugueses que estavam ancorados; enfiou tudo o que
conseguiu em suas embarcações e partiu para o Rio, onde,
esperava, Pedro I fosse deixar que ficasse com tudo o que
arrecadara. Ledo engano. Pedro o recebeu como herói nacional, lhe deu comendas; mas devolveu uma parte dos bens
para seus legítimos donos, ficando o Império com outra.

Cochrane recebeu o restante, que era muito, mas não
tanto quanto desejava. Vendo que ainda podia faturar mais
algum, voltou a São Luís, onde se dizia credor, e tentou extor-
quir o governo da província. Como canhões sempre causam

certo medo, pagaram-lhe um quarto do que pretendia. Com o recebido, comprou algodão a preço de banana e o entregou aos teares ingleses, revendendo com grande margem de lucro. De partida, fez o que fizera no Peru: sequestrou a fragata "Piranga" e a levou para a Europa, onde ainda arrumou tempo para lutar contra os turcos otomanos, mediante o pagamento de 100 mil libras. Acabou como nome de rua no bairro da Tijuca, no Rio de Janeiro.

Pedrinho foi nomeado imperador no dia 12 de outubro de 1822. No dia 1º de dezembro foi coroado como Pedro I, em cerimônia realizada na Catedral de Nossa Senhora do Carmo, e em 1823 a Assembleia Constituinte começou suas atividades. Tal como acontece até hoje, tudo ia muito devagar, devagar quase parando, o que não batia de jeito nenhum com o modo intempestivo de ser de D. Pedro, que acabou dissolvendo a Constituinte, prendendo os irmãos Andrada — que estavam atrapalhando com ideias novas que desagradavam a Sua Majestade — e criando um Conselho de Estado para redigir a Constituição do Brasil que foi promulgada em 25 de março de 1824.

O novo império estava atolado em dívidas, principalmente com os ingleses, que nessa história de dívidas e empréstimos são de se tirar o chapéu — nos emprestaram no ano de 1822 a módica soma de 3.685.000 libras esterlinas, mas só mandaram na realidade três milhões de libras, porque os 685 mil restantes ficaram em Londres, como juros antecipados e garantia bancária. O novo governo enfrentava, também, pequenas revoltas, sendo a mais importante a Guerra da Cisplatina, uma guerra de verdade entre o Império do Brasil e as Províncias Unidas do Rio da Prata.

As Províncias tinham se tornado independentes dos espanhóis em 1816. Nesse mesmo ano foram invadidas pelas tropas portuguesas, auxiliadas por diversos grupos armados do Rio Grande do Sul. Em 1821, devastada pela desordem e pela guerra entre caudilhos, a região foi anexada ao Reino Unido de Portugal, Brasil e Algarves, passando a se chamar

Província Cisplatina — o que não agradou aos espanhóis, nem poderia: eram a maioria da população e se viram espoliados de um território que lhes pertencia. Como a nossa independência não foi reconhecida pela província e seus habitantes não viam a hora de se libertar totalmente do Brasil, o general Juan Antonio Lavalleja — grande líder do movimento de libertação conhecido como "Cruzada Libertadora de los 33 Orientales" — deu início, com o apoio militar dos argentinos, àquela que veio a ser conhecida como Guerra da Cisplatina. Em 10 de dezembro de 1825, D. Pedro reconheceu o estado de guerra contra o movimento separatista.

Com grande perda de vidas, a guerra durou três anos, aumentando ainda mais a dívida do país. E mesmo com um exército menor, mas melhor preparado e lutando por uma causa justa, os cisplatinos saíram vencedores. Sob pressão da França e do Reino Unido e desgastado politicamente, D. Pedro assinou a Convenção Preliminar de Paz em agosto de 1828, seguida do Tratado do Rio de Janeiro que deu independência à Província. Foi criado o "Estado Oriental", que em 1930 deu origem à República Oriental do Uruguai.

Enquanto o pau estava comendo, além de uma guerra sem muito sentido, outro fato desgastou bastante a posição de D. Pedro. Tendo em 1826 falecido seu pai, o nosso velho e bonachão D. João, e contrariando restrições constitucionais aprovadas por ele mesmo, D. Pedro resolveu assumir o trono português sob o título de Pedro IV, ou seja, criou uma salada sem pé nem cabeça desejando ser ao mesmo tempo IV de Portugal e I do Brasil. Como tal absurdo contrariava todos os princípios de direito internacional, acabou instalando no trono português sua primogênita Maria da Glória, de somente sete anos, como Maria II. O irmão de Pedro, D. Miguel, foi nomeado regente.

Somados à situação política em Portugal e à sua enorme perda de popularidade, medidas arbitrárias, seus constantes embates com a Assembleia, sua relação com Domitila e a crise provocada pela dissolução do gabinete tornaram impossível sua permanência à frente do novo império, e no dia 7 de abril de 1831 nosso primeiro imperador abdicou em favor de seu filho Pedro, então com cinco anos de idade, dando início ao período conhecido como regencial. A carta de renúncia foi entregue ao major Miguel de Frias e Vasconcelos, comandante da Fortaleza de São José da Ilha das Cobras, que viera lhe comunicar que as tropas já não se encontravam do lado do imperador.

Pedro retornou a Portugal e começou uma guerra civil contra seu irmão, que usurpara o trono de Maria da Glória. Criou uma forte força tarefa originária dos Açores, invadiu Portugal, derrotou seu irmão e tornou-se um paladino das causas liberais. Morreu de tuberculose em 27 de setembro de 1834, no Palácio de Queluz, no mesmo quarto onde nascera 35 anos antes. A quem interessar possa, seu nome completo era Pedro de Alcântara Francisco Antônio João Carlos Xavier de Paula Miguel Rafael Joaquim José Gonzaga Pascoal Cipriano Serafim de Bragança e Bourbon. E chega!

-11-

O Período Regencial

O chamado Período Regencial durou de 1831 e 1840, e é entendido como o período de transição política que vai da abdicação de D. Pedro I em favor de seu filho até a coroação de D. Pedro II. Foi um verdadeiro festival de regências, começando pela Regência Trina Provisória, seguida da Regência Trina Permanente, depois da Regência Una, iniciada com a Regência Una de Feijó e concluída com a Regência Una de Araújo Lima, que termina em 1840, quando é articulada uma modificação legal chamada por alguns de Golpe da Maioridade, quando D. Pedro II passa a ser o imperador do Brasil de fato e de direito.

Pedro de Alcântara foi aclamado Imperador do Brasil com o objetivo primordial de evitar uma ruptura do regime monárquico. Foram escolhidos três regentes provisórios porque, por mais inteligente e brilhante que tenha sido, com cinco anos de idade o Pedro das barbas brancas só pensava em brincar, o que era mais do que lógico.

O Período Regencial foi dos mais problemáticos e conturbados da nossa História, com revoltas, crises econômicas e pequenos movimentos separatistas que quase colocaram em risco a unidade do território nacional.

Eram várias as correntes políticas que existiam à época:

tínhamos os liberais moderados, representados pelos grandes latifundiários do sudeste que se batiam por uma monarquia fortalecida e centralizadora; havia outro grupo de liberais, os liberais exaltados, membros da classe média urbana e representantes ruralistas de outras províncias; e, por fim, os restauradores, que queriam a volta de D. Pedro I — coisas do nosso país, enfim, era o que o saudoso Stanislaw Ponte Preta, muito mais tarde, chamaria de "Samba do Crioulo Doido", e que, na época, nada ficava a dever ao seu samba.

A Regência Trina Provisória pode ser chamada de regência quebra-galho, porque logo em seguida, em junho de 1831, a Assembleia Geral constituiu a Regência Trina Permanente, formada pelos deputados D. José da Costa Carvalho, D. João Bráulio Moniz e pelo brigadeiro D. Francisco de Lima e Silva. Durante esse período o Brasil enfrentou revoltas e levantes populares, muitos deles com a participação dos restauradores e dos famosos liberais exaltados. Para neutralizar a força dos revoltosos e colocar ordem na casa, o ministro da justiça, padre Diogo Antônio Feijó, que mais tarde viria a ser regente uno, criou a Guarda Nacional, uma espécie de tropa de elite formada por 6 mil homens.

As revoltas mais importantes foram a de Pernambuco — que recebeu o nome de Abrilada e se espalhou por toda a chamada Zona da Mata e em parte do agreste pernambucano, com o nome de Cabanada —, a Setembrada e a Novembrada — ambas em Recife —, e as três Carneiradas em Goiana, cidade pernambucana, além de levantes militares ocorridos na cidade de Salvador. Os nomes são realmente muito engraçados, e tem muito historiador que acabou perdido tentando entender algumas das reivindicações dos diversos movimentos. Eu resumiria dizendo que era uma bagunça generalizada. Houve até um governo autônomo que se instalou em São Felix, a Federação da Província da Bahia, que durou menos de um ano.

Diante dessa situação, com tantas manifestações, interesses regionais, propostas as mais diversas, em agosto de 1834 foi aprovado o Ato Adicional, que criou as assembleias legislativas provinciais, terminou com o Conselho de Estado e acabou com a Regência Trina, passando para o regime de Regência Una. Foi realizada uma eleição nacional e o vencedor foi o padre Diogo Antônio Feijó, representante dos interesses do sudeste.

O regente Feijó assumiu seu cargo no dia 12 de outubro de 1835 e logo de cara, para complicar mais ainda, se deparou com a Revolução Farroupilha no Rio Grande do Sul, uma das mais violentas e duradouras revoltas federalistas da nossa história, também conhecida como Guerra dos Farrapos. Durou até 1845, pegando, portanto, o período em que já reinava D. Pedro II. No mesmo ano teve início a Cabanagem, no Grão-Pará, que durou de 1835 até 1840 e terminou numa verdadeira carnificina.

A Guerra dos Farrapos pode ser definida como um conflito regional contrário ao governo imperial e com fundamentos republicanos, expressando um profundo descontentamento por parte dos liberais, que desejavam maior autonomia para as províncias e diminuição dos impostos cobrados sobre o comércio do couro e do charque, que eram a base da economia gaúcha. Em setembro de 1835, comandados por Bento Gonçalves, os revolucionários tomaram a cidade de Porto Alegre e expulsaram as tropas imperiais. Mas Bento Gonçalves acabou preso, enquanto os farroupilhas conseguiam importantes vitórias contra o exército imperial enviado para combatê-los. No dia 11 de setembro de 1836 foi proclamada a República Rio-Grandense, e mesmo preso, Bento Gonçalves foi declarado seu presidente. Gonçalves fugiu da prisão em 1837, quando assumiu realmente a Presidência da República. A partir desse momento o nosso Feijó não tem nada mais a ver com o pato, porque em setembro de 1837 pediu demissão e foi substituído por Pedro de Araújo Lima.

Mais tarde voltaremos ao assunto, caso contrário vai ficar uma enorme confusão. Trataremos agora somente da República Rio-Grandense. Teremos de dar um salto no tempo para depois retornarmos ao passado.

As escaramuças prosseguiram até que em 1842, já no reinado de D. Pedro II, Luiz Alves de Lima e Silva — mais conhecido como Duque de Caxias — foi nomeado para comandar as tropas imperiais e dar um fim à fantasia separatista dos sulistas.

O pau comeu até 1845, quando, depois de muito luta e muito sangue brasileiro derramado, os farroupilhas, já meio esfarrapados, aceitaram as condições impostas pelo Duque de Caxias: acabaram com a República Rio-Grandense e a província voltou a ser reintegrada ao Império.

Deu para dar uma pequena noção do que foi o movimento. E para não nos perdermos completamente, retornaremos ao nosso regente de plantão, o padre Feijó.

Os antigos restauradores se uniram aos liberais, que exigiam uma posição mais enérgica por parte da regência contra os movimentos separatistas provinciais, uma posição mais centralizadora. Criticavam as medidas econômicas tomadas pelo padre, que, por sinal, pertencia ao chamado bloco progressista, ou seja, sofria dentro da Câmara violenta oposição do novo bloco, conhecido como "regressista". Sua substituição por Pedro de Araújo Lima teve como fator predominante, além da já instalada Revolução Farroupilha, o começo da Sabinada, outro movimento separatista que eclodiu na Bahia em 1837. A proposta enérgica de Araújo Lima para combater os movimentos garantiu sua vitória sobre o liberal Antônio Francisco de Paula Holanda. Lima recebeu apoio da própria classe política e de vários setores de nossa economia, principalmente as oligarquias rurais, que estavam se sentindo ameaçadas pelas revoltas.

Araújo Lima agiu com pulso forte e fez diversos acordos com seus opositores. Sua bandeira principal era restabelecer a ordem, atribuindo em parte o que estava acontecendo no Brasil ao Ato Adicional de 1834, chamado pelas classes conservadoras de "carta da anarquia". Criou o Ministério das Capacidades, com um ministro da Marinha, outro para Assuntos Estrangeiros, outro para a Fazenda e o último para a Guerra. Junto com seu gabinete homologou, em maio de 1840, a Lei Interpretativa do Ato Adicional, que para grande parte dos nossos historiadores foi um enorme retrocesso na nossa política. Para eles, o Ato Adicional foi o mais próximo que chegamos do que poderia ser chamado de democracia no período imperial.

A Lei Interpretativa retirou quase completamente a participação política das províncias e aumentou de modo exagerado a centralização da regência. Os liberais, que não aguentavam mais tantas medidas contrárias a seus interesses, obtiveram grande apoio popular, e, finalmente, Araújo Lima caiu do poder, passando-o ao jovem D. Pedro II através do Golpe da Maioridade. Com quinze anos incompletos, D. Pedro II iniciou seu reinado no dia 23 de julho de 1840.

-12-

D. Pedro II

D. Pedro II, que todos reconhecemos por seu ar distinto, elegante, o semblante inteligente e as famosas barbas brancas, por incrível que pareça um dia foi menino. Ao ser proclamado imperador, era um jovem talentoso, observador, sempre pronto a aprender. Estudou caligrafia, literatura, francês, inglês, alemão, geografia, história, pintura, música, dança, esgrima e equitação.

Nos primeiros anos de seu reinado, D. Pedro realizou um verdadeiro aprendizado de política. Aplicava-se, apesar de muito jovem, a entender e acompanhar todos os negócios que envolviam o Império e seu funcionamento, e respeitava profundamente todos os princípios constitucionais.

Os movimentos separatistas perdiam importância, ou estavam debelados. Em setembro de 1843, Pedro II recebeu como esposa Teresa Cristina de Bourbon. Tiveram quatro filhos, dos quais somente sobreviveram duas meninas: Isabel, que entrou para a história como abolicionista, e a princesa Leopoldina.

Realizou diversas viagens para as províncias onde ainda ocorriam conflitos. Com as modificações feitas pelo Ato Adicional, a Constituição de 1824 dava ao imperador poderes quase autocráticos, mas D. Pedro II foi sempre um moderado, um respeitador das leis e de princípios, sendo considera-do o mais democrático de todos os governantes que o Brasil já teve e terá em toda a sua História. Se a dignidade, o respei-to aos direitos, a honestidade, e principalmente seu enorme amor ao país tivessem sido seguidos pelos futuros presidentes e ditadores, tenho certeza de que teríamos outra nação.

Os partidos políticos tinham suas bases na aristocracia rural, e D. Pedro soube alternar com grande habilidade os que participavam de seu governo. Do ponto de vista econô-mico, o Império ia prosperando, mas as guerras causaram grandes problemas financeiros. Com apoio total dos liberais, foi criado o cargo de Presidente do Conselho de ministros do Império: o imperador deixava de escolher diretamente seus ministros e escolhia um político de sua absoluta confiança, que, como presidente do conselho, os escolheria — um sis-tema parlamentarista em um regime monarquista, como já ocorria em diversas nações europeias. Mas a escolha de um ministério completamente conservador resultou na Revolta Praieira, em Pernambuco, a última revolução provincial de certa monta que ocorreu durante o Império.

Mas nem tudo eram flores, e D. Pedro enfrentou três guerras durante seu reinado: a do Prata, a do Uruguai e a do Paraguai, sendo esta última a mais conhecida e estudada.

A Guerra do Prata, contra o ditador argentino Juan Manuel de Rosas, ocorreu entre 1851 e 1852. Rosas deseja-va recriar o antigo Vice-Reinado do Prata, anexando ao seu território o Uruguai, o Paraguai, a Bolívia e parte do territó-rio nacional situada no extremo sul do país. Não teve pro-blemas com a recém-criada República Paraguaia, nem com os uruguaios — que já não se entendiam, convivendo com os constantes conflitos entre os partidos Colorado e Blanco —, nem com a Bolívia. Mas quando Rosas resolveu anexar terras do sul do Brasil, D. Pedro não só mandou o exército imperial atacar suas forças, como financiou seus opositores, criando uma aliança com a Bolívia, com o Paraguai e com os opositores internos do Uruguai, que estava dominado pelos argentinos, recebendo também o apoio de duas importantes províncias argentinas sublevadas contra a tirania de Rosas, Entre Rios e Corrientes.

Os aliados marcharam em direção a Buenos Aires, onde em 1º de fevereiro de 1852 as tropas de Rosas sofreram sua primeira derrota. Dois dias depois aconteceu a Batalha de Monte Caseros, que terminou com a derrota de Rosas. O ditador fugiu para o Reino Unido e todos voltaram ser felizes, com suas fronteiras respeitadas e delimitadas como eram antes da aventura. Essa guerra foi muito importante para o Império, porque tendo havido uma forte participação dos gaúchos, enfraqueceu completamente as ideias separatistas, resultando em maior unidade do Brasil.

A Guerra do Uruguai também teve origem na fase política confusa e atribulada que o Uruguai atravessava. O ex--presidente Venancio Flores, que vivia na Argentina, resolveu retornar ao Uruguai e enfrentar o então presidente Atanasio Cruz Aguirre, que apoiava as constantes invasões das fazendas brasileiras pelos ladrões de gado uruguaios.

Os estancieiros mais importantes revolveram apoiar o movimento de Venancio Flores, e em 1864 pediram o apoio das tropas imperiais. Primeiramente foram enviados quatro mil homens, sob o comando do brigadeiro Francisco Félix Pereira Pinto, e para impedir o avanço dos uruguaios estabeleceram uma guarda de fronteira sob o comando do almirante Tamandaré. Em seguida, com o auxílio de tropas brasileiras comandadas pelo general João Menna Barreto, Venancio Flores tomou diversas cidades dominadas pelo Partido Blanco. Seu objetivo principal era reconquistar Montevidéu.

Em represália, os uruguaios de Aguirre atacaram a cidade brasileira de Jaguarão, mas foram derrotados pela forças imperiais. Aguirre queimou publicamente todos os tratados assinados com o Brasil. As tropas brasileiras, junto às de Venancio Flores, avançaram e sitiaram a capital Montevidéu. Em 15 de fevereiro de 1865, tendo Aguirre abandonado o poder, Venancio Flores assumiu o governo provisório e anulou todos os atos de Aguirre contra o Brasil. Cinco dias mais tarde, o Visconde de Rio Branco e Tomás Villalba, presidente do senado uruguaio, assinaram um Tratado de Paz. Os brasileiros devolveram aos uruguaios os territórios invadidos pelas tropas imperiais e os uruguaios se comprometeram a respeitar as fronteiras. Não haveria mais invasões nem furtos contra os estancieiros do Rio Grande do Sul.

Acabei citando essa guerra porque ela consta de todos os compêndios da nossa História, mas como guerra foi algo sem muita importância, sem muitas batalhas, sem trombetas, cargas de cavalaria. Os canhões nem precisaram ser reparados, enfim, foi uma guerrinha meio fuleira, mas tínhamos que mencionar. E mencionamos, só não sei se teve alguma utilidade prática.

Já a Guerra do Paraguai foi totalmente diferente. Teve complexidades, intrigas internacionais, violência extrema e uma carnificina que nunca foi igualada em toda a nossa História. O Paraguai era uma potência econômica na América do Sul, um dos poucos países com independência comercial em relação às nações europeias. Isso incomodava muito os ingleses — sempre eles —, que não viam com bons olhos uma nação que não dependesse do império onde o sol nunca se punha. A Inglaterra tinha horror à existência de um país latino-americano que não fosse uma espécie de capacho britânico, o que é mais do que suficiente para explicar a participação inglesa na Guerra do Paraguai, quando se colocaram ao lado da Tríplice Aliança, ofereceram apoio militar, armas, instrutores e emprestaram muito dinheiro, que depois receberam de volta com seus devidos juros.

O Paraguai era governado pelo ditador Francisco Solano Lopes, que sonhava em aumentar o território paraguaio e alcançar uma saída para o mar através dos rios que formam a Bacia do Prata. Começou colocando obstáculos e restrições aos barcos brasileiros que se dirigiam a Mato Grosso, isso, em 1864, quando no dia 11 de novembro aprisionou a embarcação brasileira Marques de Olinda, na qual se encontrava o presidente da província do Mato Grosso. Em seguida, invadiu o sul do Mato Grosso; como seu exército era moderno e bem equipado, foi uma conquista fácil. Seguindo sua política de expansão, o próximo alvo era o Rio Grande do Sul, mas para lá chegar, por razões lógicas de geografia, precisava passar pela Argentina. Então Solano López invadiu Corrientes, importante província argentina.

Brasil, Argentina e Uruguai resolveram unir suas forças, e com o objetivo de combater e tirar Solano López do poder, no dia 1º de maio de 1865 firmaram a Tríplice Aliança, com o já citado apoio dos ingleses.

Foram seis anos de duros e violentos combates. Em 11 de junho do mesmo ano, ocorreu a Batalha do Riachuelo, com vitória da Tríplice Aliança. Trata-se da mais famosa batalha naval da História do Brasil, sendo comandante da esquadra brasileira o almirante Francisco Manuel Barroso da Silva, que se tornou conhecido como almirante Barroso. Devidamente eternizada em tela por Victor Meirelles, teve importância fundamental no desenvolvimento da guerra, porque foram enormes as baixas sofridas pelos paraguaios, que ficaram muito enfraquecidos.

Em tempo: o chefão da marinha brasileira era Joaquim Marques Lisboa, que mais tarde recebeu o título de Marquês de Tamandaré e tornou-se o patrono da marinha, mas quem entrou mesmo no fogo e viu a morte de perto foi o nosso valoroso Barroso.

No terceiro ano do conflito, desgastado, o Brasil enfrentava grandes dificuldades, porque além da bravura dos paraguaios tinha que combater uma desorganização de seu exército, onde a noção de intendência parecia ser algo que nossos militares nem sabiam que existia. Para colocar ordem na bagunça generalizada, foi chamado Luís Alves de Lima e Silva, mais tarde agraciado com o título de Duque de Caxias, patrono do exército brasileiro. Profundo conhecedor de técnicas militares, Caxias assumiu o posto de comandante-geral das tropas da Tríplice Aliança; reorganizou o exército, usou técnicas de avanço pelos flancos do inimigo — deve ter lido um bocado sobre as batalhas comandadas por Napoleão —, fez uso de balões para fins de espionagem e reconhecimento da posição dos inimigos. Em dezembro de 1868 obteve uma série de vitórias em Itororó, Avaí e Lomas Valentinas. As forças da Tríplice Aliança lutavam e dizimavam um exército já derrotado, sem armas, com uniformes em farrapos, sem alimentos, sofrendo com doenças, e que só resistia pela coragem e bravura meio louca de Solano López.

Em 1869, Assunção foi ocupada. Tendo Caxias, com problemas de saúde, retornado ao Rio de Janeiro, quem comandou as tropas brasileiras na fase final foi o Conde d'Eu, genro de D. Pedro II. A guerra terminou com a morte de Solano López na batalha de Cerro Corá, em março de 1870. Foi uma luta heroica, com 4.500 soldados da Tríplice Aliança, bem armados e até bem alimentados, contra pouco mais de 400 paraguaios — um massacre. Solano López e seu filho Panchito morreram em combate. Os prisioneiros em sua maioria foram executados, entre eles o perigoso filho menor do ditador, que tinha toda a força e vitalidade de um menino de dez anos.

Bestial como todas as guerras, a do Paraguai deixou um rastro de destruição e uma mortandade inaceitável. O número de mortos, entre militares e civis, é estimado em aproximadamente 300 mil pessoas, somente do lado paraguaio, que foi arrasado — calcula-se que isso representava aproximadamente 70% da população do Paraguai, onde muitos que sobreviveram à guerra morreram de fome e doenças. A indústria, a lavoura e a economia paraguaia foram exterminadas. As forças brasileiras levaram algo em torno de 150 mil homens para as frentes de batalha, dos quais 50 mil por lá ficaram. Mais de 10 mil civis das províncias do Rio Grande do Sul e Mato Grosso morreram durante a guerra. Argentina e Uruguai perderam mais de 50% de suas tropas, se bem que em termos absolutos o número foi muito pequeno em relação às perdas brasileiras.

Todos ficaram endividados. Os ingleses agradeceram penhorados, porque além de se tornarem credores dos três países, principalmente do Brasil, viram sua enorme influência na América do Sul tornar-se ainda maior. O término da Guerra do Paraguai marca também o aparecimento de ideias republicanas, sendo que em 1870 foi fundado no Rio de Janeiro o Partido Republicano. E chega de guerra, que é um assunto que já começa a me incomodar.

Nosso D. Pedro, homem culto e grande viajante, esteve duas vezes na Europa. Andou pelo Egito, de onde trouxe múmias e objetos preciosos que hoje se encontram no Museu Nacional, na Quinta da Boa Vista. Era ligado a escritores e pintores, curioso quanto ao progresso e às invenções que apareciam pelo mundo, sempre estudando e abrindo seus horizontes.

Na década de 1870 teve que enfrentar problemas surgidos com a Igreja Católica, entre eles o que ficou conhecido como a Questão Religiosa, um conflito entre a Igreja Católica e a maçonaria, sendo D. Pedro um maçom por princípio.

Quando se ausentava, deixava como regente sua filha, a Princesa Isabel, que enfrentou o grave problema abolicionista. A crescente e próspera lavoura do café provocara uma grande demanda de mão de obra escrava, ao mesmo tempo que, sob a influência do liberalismo, movimentos em favor do término da escravatura estavam cada vez mais fortes e atuantes. Em 28 de setembro de 1871 foi aprovada a Lei do Ventre Livre, que desgastou o Império junto aos latifundiários. Mais tarde foi promulgada a Lei dos Sexagenários, e o movimento abolicionista não tinha mais retorno: a abolição da escravatura no Brasil era apenas questão de tempo.

A Sociedade Brasileira contra a Escravidão e a Associação Central Emancipacionista, ambas fundadas no Rio de Janeiro quando o Rio era a cabeça pensante do país, começaram uma forte campanha, principalmente pela imprensa e através de comícios e conferências, destacando-se as figuras do jornalista negro José do Patrocínio, do poeta Castro Alves, do engenheiro negro André Rebouças e do grande parlamentar que foi Joaquim Nabuco. Os militares passaram a apoiar o movimento. Foi grande a influência do positivista Benjamin Constant, que, junto à recusa dos militares em capturar os escravos que fugiam, levaram a um quadro que culminou, no dia 13 de maio de 1888, com a assinatura da Lei Áurea pela Princesa Isabel, enquanto o imperador estava na Europa.

Vários foram os fatores que levaram ao término da monarquia: o crescimento das classes urbanas, que juntamente com a força econômica que eram os cafeicultores desejavam uma maior participação na formação do governo; a influência dos regimes argentinos e uruguaios depois da Guerra do Paraguai; a importância que começou a ser exercida pelos Estados Unidos e sua forma de governo; a influência que os intelectuais recebiam das ideias positivistas oriundas da Europa; o embate da monarquia com o clero; a formação de diversos grupos republicanos; e o desgaste do imperador perante as Forças Armadas, que já não aceitavam seus amplos poderes. O ideal republicano estava cada vez mais forte, e não havia mais como o Império se manter. O palco estava devidamente armado, faltando somente ser levantado o pano para o espetáculo começar.

A bomba veio a estourar nas mãos e na espada do marechal Deodoro da Fonseca — diga-se, a bem da verdade, um monarquista —, que só aceitou ser o cabeça do movimento depois de muita insistência por parte dos militares republicanos. Aumentaram os rumores informando que D. Pedro iria nomear Silveira Martins para Presidente do Conselho de ministros do Império. Martins era inimigo pessoal de Deodoro, uma inimizade que parece ter começado quando ambos disputavam os encantos e os recantos da baronesa do Triunfo, viúva de grande beleza e suprema elegância que preferiu Silveira Martins, deixando Deodoro a ver navios.

O golpe militar deveria ocorrer no dia 20 de novembro, mas diante de novos boatos espalhados pelos interessados de que o governo pretendia prender Benjamin Constant e o próprio Deodoro, os conspiradores — que assim devem ser chamados porque não existe outro nome para os que conspiram contra as leis e contra um governo legítimo e apoiado em uma constituinte — se dirigiram à casa de Deodoro, que estava acamado com dispneia, ou seja, falta de ar, embora outros afirmem que sofria de gota e teve a maior dificuldade em calçar suas botas, e convenceram o velho marechal a proclamar a república.

Acompanhados de alguns soldados, na manhã do dia 15 de dezembro, atravessaram o Campo de Santana e convenceram mais militares a engrossar o movimento. Arrumaram um cavalo para o marechal, que o montou com grande esforço, e, segundo dizem, retirou a espada de sua bainha, tirou o chapéu e declarou: "Viva a República!" Se cinema houvesse à época, dir-se-ia que foi um belo roteiro.

Proclamada a república, e destituído do poder aquele que foi talvez o mais digno governante que o Brasil já teve, desmontaram Deodoro de seu cavalo — com menos esforço, é verdade — e o levaram para casa, onde pôde tratar de sua dispneia, ou gota, depende do que cada um aceitar como fato real. Para evitar uma comoção popular, porque esse movimento não teve nenhuma participação do povo brasileiro, que, conforme salientou o ministro Aristides Lobo, assistiu a tudo "de forma bestializada", exilaram imediatamente a família imperial.

Os revoltosos ocuparam o quartel-general do Rio de Janeiro, depois o Ministério da Guerra. Depuseram o gabinete ministerial e prenderam seu presidente, o Visconde de Ouro Preto, que tentou resistir e conclamou o general Floriano Peixoto, responsável pela segurança do Paço Imperial, a enfrentar os revoltosos, já que dispunha de tropas legalistas mais numerosas e mais bem treinadas e armadas, mas Floriano recusou-se a obedecê-lo e acabou por prendê-lo. Como prêmio por sua bravura e lealdade, ganhou o mandato de segundo presidente do Brasil.

D. Pedro, que se encontrava em Petrópolis, não acreditou no que se passava, achando que era um movimento somente contra seu gabinete. Chegando ao Rio, foi informado de que não era mais nada e de que seria criado um governo provisório. Deram-lhe míseras 24 horas para deixar o país. Chegou a Lisboa no dia 7 de dezembro e seguiu para o Porto, onde a imperatriz veio a falecer no dia 28 do mesmo mês. Aos 66 anos de idade, sozinho, triste e desiludido, Pedro de Alcântara partiu para Paris, onde passava os dias lendo e estudando. A cada dia mais solitário, pouco saía do seu hotel, onde veio a falecer no dia 5 de dezembro de 1891.

Assim se conta a história heroica e ufanista da proclamação da nossa república.

-13-

A REPÚBLICA, SUAS REVOLUÇÕES, DITADURAS, MUITAS MAZELAS, UM FESTIVAL DE ACORDOS E OUTROS MOMENTOS GLORIOSOS DA NOSSA HISTÓRIA QUE DEIXARIAM ENVERGONHADOS OS MAIS SAFADOS DE TODOS OS SEM-VERGONHAS

Nossa república é dividida em várias. A mais antiga delas, por uma questão de absoluta lógica e de certo conhecimento da língua portuguesa, é chamada de República Velha, e vai de 1889, quando colocaram D. Pedro para fora do poder, até 1930, quando surge a figura do caudilho Getúlio Vargas. O capítulo que tratará de Vargas, sem a graça genial de Charles Chaplin, receberá o mesmo nome de seu famoso filme, "O Grande Ditador".

Vamos começar com a República Velha. Seu primeiro presidente foi o Senhor marechal Deodoro da Fonseca, que governou de 15 de novembro de 1889 a 23 de novembro de 1891, quando assumiu outro militar, o já mencionado marechal Floriano Peixoto, que ficou no poder até 15 de novembro de 1894, período que muitos historiadores chamam de "República da Espada". Qual seria o motivo?

Retirado o monarca do poder e proclamada uma república, fazia-se mais do que necessária a promulgação de uma nova constituição republicana, senão a nossa História ia ficar cada vez mais sem pé nem cabeça.

Deodoro parece ter gostado do poder — anos depois viveríamos algo muito semelhante —, e retardou o mais que pôde a formação de uma Assembleia Constituinte, finalmente convocada em junho de 1890 sob pressão principalmente dos cafeicultores paulistas e de oligarquias. As eleições para a formação de uma nova constituinte foram realizadas em 15 de setembro, com a apresentação de uma constituição já quase pronta elaborada por uma comissão presidida por Rui Barbosa.

Baseado na moderna constituição norte-americana, o Brasil adotou o sistema de República Federativa com um regime presidencialista, onde a população, através do voto direto, escolheria os representantes dos municípios, estados e da federação. Os vinte estados gozavam de grande autonomia, cabendo-lhes tomar medidas próprias nos campos jurídicos, fiscais e administrativos. Passou a existir uma separação oficial entre o Estado e a Igreja. O poder legislativo era exercido pela Câmara dos Deputados e pelo Senado. O sistema eleitoral era machista, somente tendo direito ao voto, que não era secreto, os homens alfabetizados de mais de 21 anos, ou seja, o número de eleitores era o menor possível, porque além de excluir as mulheres e sendo a educação péssima ou quase nenhuma — pouca coisa mudou desde os tempos de Deodoro —, poucos preenchiam os requisitos necessários. Além de tudo, havia comprometimento direto do eleitor com o candidato pelo fato de o voto não ser secreto, o que resultou no domínio absoluto das oligarquias.

Em novembro de 1891, em meio a uma crise econômica e forte oposição ao seu governo, Deodoro fechou o Congresso Nacional. A marinha se revoltou, e sob a liderança do almirante Custódio de Melo, navios de guerra ameaçaram bombardear a capital. Já velho e doente, e para evitar uma possível guerra civil, Deodoro renunciou no dia 23 de novembro de 1891 e foi substituído por seu vice, o marechal Floriano Peixoto, com quem já andava às turras.

Floriano Peixoto foi chamado de "marechal de Ferro" e "Consolidador da República", porque intensificou, até com certa violência, a repressão aos monarquistas ainda existentes.

Seu governo enfrentou a segunda Revolta da Armada e a Revolução Federalista, no Rio Grande do Sul. A vitória sobre os sulistas tem como curiosidade a mudança de nome da cidade de Desterro para Florianópolis. Lembra muito o que aconteceu em várias cidades russas depois da revolução de 1917, mas garanto que é mera coincidência.

A Constituição em vigor estabelecia, no seu artigo 42, que novas eleições deveriam ser realizadas quando o presidente renunciasse antes de decorridos dois anos. Floriano permaneceu no cargo no peito, como se diz vulgarmente, alegando que o dispositivo somente se aplicaria aos eleitos diretamente pelo povo, o que não fora seu caso, já que era vice de Deodoro tendo assumido quando este se afastou do poder — um verdadeiro governo inconstitucional.

Floriano foi, na verdade, um bom e velho ditador, com um governo centralizador. Demitiu todos os governadores que haviam apoiado Deodoro da Fonseca, e foi de uma crueldade ímpar com os participantes da Revolta da Armada. Em abril de 1892 simplesmente decretou estado de sítio, prendeu manifestantes contrários à sua política e os desterrou para a agradável e saudável Amazônia. Quando Rui Barbosa ingressou com habeas corpus em favor dos detidos, ameaçou o Supremo Tribunal Federal.

A segunda Revolta da Armada ocorreu em 1893, também chefiada pelo almirante Custódio de Melo, mais tarde substituído pelo almirante Saldanha da Gama, se insurgindo contra as medidas tomadas por Floriano. A cidade do Rio de Janeiro sofreu alguns bombardeios e foi imposto um bloqueio naval. Floriano se saiu vitorioso, com o apoio do exército e principalmente da marinha de guerra dos Estados Unidos, que, como vocês podem ver, desde tempos remotos têm a mania de se meter em conflitos externos que não lhes dizem respeito. Parece ser parte da cultura americana.

O próximo presidente foi o paulista Prudente de Morais, que entrou para a História como o primeiro presidente eleito pelo voto, e não pela espada. Governou de 15 de novembro de 1894 a 15 de novembro de 1898, iniciando o famoso ciclo alternado dominado pelas oligarquias mineira e paulista, a que se deu o divertido nome de República do Café com Leite— sendo os mineiros os grandes produtores de gado e de leite e os paulistas produtores de café.

O grande abacaxi que Prudente de Morais teve de descascar foi a Guerra de Canudos, ocorrida no sertão da Bahia, que durou de novembro de 1986 até 5 de outubro de 1897. Devidamente eternizada no livro *Os Sertões*, de Euclides da Cunha, foi consequência da miséria, da pobreza, da roubalheira, do descaso com que era tratado o nordeste brasileiro. O grande líder do movimento foi o beato Antônio Conselheiro, um fanático religioso a que se juntaram outros fanáticos, miseráveis, jagunços e sertanejos desempregados. Conselheiro se acreditava um enviado de Deus para acabar com a miséria e a pobreza e combater dois pecados cometidos pela república: o casamento civil e a cobrança de impostos.

O governo da Bahia revelou-se impotente para sufocar o movimento. Solicitou apoio das tropas republicanas, que, depois de um cerco aos revoltosos esfomeados e de quatro violentos combates, seguido de um massacre do qual não escaparam velhos, mulheres nem crianças, terminaram com o sonho do beato.

Cheguei à conclusão de que se for para falar de todos os presidentes que governaram o Brasil no período de 1894 até 1930, esta minha história vai acabar longa e mais do que chata. O importante é saber que as eleições eram controladas pelo Partido Republicano Paulista, a turma do café, e o Partido Republicano Mineiro, a turma do leite, havendo um grande abandono político do nordeste do Brasil, que foi alvo de duras críticas por parte de empresários e setores de agropecuária situados em outros estados, que começavam a se desenvolver. O único presidente militar da República Velha eleito pelo povo foi o marechal Hermes da Fonseca, que governou de 15 de novembro de 1910 até 15 de novembro de 1914.

Nesse período da nossa História surge o movimento político-militar que veio a ser conhecido como "Tenentismo", do qual faziam parte tenentes do exército que se opunham a essa política de balcão de botequim — onde imperava a média com pão e manteiga —, uma verdadeira oligarquia, e se batiam pelo voto secreto, que representaria o fim do chamado "voto de cabresto" — a grande força nos famosos currais eleitorais, totalmente controlados pelo coronelismo. Nesses currais resplandecia a figura do bravo "coronel", como eram chamados os latifundiários que exerciam com enorme poder o controle do povo. Por conta obrigatoriedade do voto, que ainda por cima era aberto, usavam seus capangas para garantir a vitória dos seus candidatos favoritos, deixando o pobre eleitor inteiramente de mãos atadas. Tal prática, um pouco mais sutil e até com algumas vantagens financeiras para o mesmo despreparado e pobre eleitor, permanece até hoje, com o dinheiro arrecadado por uma das mais altas cargas tributárias do mundo sendo distribuído com enorme desprendimento pelo poder público, através das famosas bolsas isso e aquilo.

Os dois movimentos mais importantes surgidos do Tenentismo foram a Coluna Prestes e a Revolta dos Dezoito do Forte, nos quais daremos uma pequena pincelada, sem usar muita tinta.

A Revolta dos Dezoito do Forte, também conhecida como Revolta do Forte Copacabana, ocorreu no Rio de Janeiro, em 5 de julho de 1922. Dela participaram 17 militares e um civil. Suas causas, como as de quase todos os movimentos, maiores ou menores, ocorridos durante a República Velha, foram o descontentamento com o monopólio da famosa república do café com leite e as desconfianças quanto ao nosso processo eleitoral, bem como a prisão do marechal Hermes da Fonseca e o fechamento do Clube Militar, do qual o marechal era presidente. Desejavam o fim do domínio das oligarquias paulista e mineira, um sistema político mais democrático e uma modificação no sistema eleitoral.

Usando uma linguagem mais moderna e mais vulgar, pode-se dizer que o movimento furou. Das diversas unidades militares que haviam se comprometido, somente a guarnição do Forte Copacabana foi em frente, sendo o forte bombardeado e exigida a rendição dos revoltosos. O Tenente Siqueira Campos, acompanhado de outros rebeldes devidamente armados, saiu em direção ao Palácio do Catete, sede do governo federal, como se estivesse numa parada militar. Ficaram ali mesmo, no meio do caminho, em plena Praia de Copacabana, em frente à rua que na época se chamava Rua Barroso, hoje Siqueira Campos, e onde existe uma estátua em homenagem aos bravos do forte. Durante a marcha alguns militares debandaram, restando somente 17, que receberam o solitário apoio de um civil. Os rebeldes foram cercados pelas tropas federais e somente Siqueira Campos e Eduardo Gomes sobreviveram, um grande fracasso, mas que abriu os olhos do Brasil para o que estava se passando e deu origem a outros movimentos tenentistas, como a Coluna Prestes e a Revolta Paulista de 1924.

A Coluna Prestes, que recebeu este nome porque seu líder era o capitão Luiz Carlos Prestes, foi um movimento político. Também tinha como causa principal os péssimos hábitos da tão falada República Velha: a falta de uma democracia de fato e de direito, a exploração das camadas mais pobres da população e a concentração desabusada do poder pelas elites agrárias. Começou em abril de 1925 e terminou em fevereiro de 1927, pegando o final do governo do presidente Artur Bernardes (1922 a 1926) e o começo do governo de Washington Luiz (1926 a 1930).

Era uma grande marcha que deveria percorrer o Brasil, incentivando o povo a se rebelar contra as elites agrárias, pedindo o fim dos "coronéis" e pretendendo derrubar do poder Arthur Bernardes, implantar o voto secreto e o ensino fundamental obrigatório e acabar com a miséria e com as injustiças sociais — o que já é muita utopia junta nos dias de hoje, imaginem em 1925. Mas Prestes era o "Cavaleiro da Esperança", e sobre o assunto, descontando sua exacerbada tendência comunista, acho que o livro de Jorge Amado intitulado *O Cavaleiro da Esperança – a Vida de Luiz Carlos Prestes* (1942), é bem interessante e significativo para se entender o movimento.

A base era de aproximadamente 200 homens, sendo que em alguns momentos a coluna chegou a contar com quase 1.500 participantes. Percorreram 25 mil quilômetros pelo interior do território brasileiro, conversando com as pessoas. Falavam de suas ideias, mostravam as enormes injustiças sociais existentes e pregavam suas reformas, sociais e políticas. O movimento, que começou no Rio Grande do Sul, acabou se perdendo e se dividindo depois de dois anos e meio de marcha por 11 estados. Alguns membros foram para a Bolívia e outros para o Paraguai, e os princípios pregados por Prestes não germinaram, mas deixaram enfraquecida a República Velha e plantaram a semente para o que seria a Revolução de 1930, que levou ao poder o "Grande Ditador".

Em 1930, continuávamos com a política do café com leite. A bola da vez era mineira, mas o Partido Republicano Paulista, do presidente Washington Luiz, indicou para a presidência o paulista Júlio Prestes, anarquizando o balcão do café com leite. O Partido Republicano Mineiro subiu pelas paredes, e juntou-se a políticos da Paraíba e do Rio Grande do Sul formando a Aliança Liberal, que lançou a candidatura de Getúlio Vargas. Derrotados nas urnas, Getúlio e os membros da Aliança Liberal declararam que as eleições tinham sido fraudulentas. Liderados por Getúlio e com apoio dos militares, levaram adiante o golpe de estado que foi a Revolução de 1930, pondo fim à República Velha e dando início ao período conhecido na nossa História como a Era Vargas. Sai a política do café com leite e começa a era do chimarrão.

-14-

O Grande Ditador

ARevolução de 30 começou no Rio Grande do Sul, no dia 3 de outubro, com Oswaldo Aranha comunicando a Juarez Távora que as forças revolucionárias começavam seu movimento em direção à capital. Recebeu o apoio de diversos estados, e oito governadores do Nordeste, fiéis ao governo legítimo, foram depostos pelos tenentes. No dia 10, Getúlio lançou seu manifesto, intitulado "O Rio Grande de pé pelo Brasil", pegou um trem e se mandou em direção ao Rio de Janeiro, acompanhado do seu estado-maior.

Enquanto as tropas revolucionárias se deslocavam em direção à capital, aconteceu a famosa batalha que nunca houve, a de Itararé, na divisa com o Paraná, onde tropas leais a Washington Luís as esperavam. Enquanto isso, porém, no dia 24 de outubro, os generais Tasso Fragoso e Mena Barreto e o almirante Isaías de Noronha depunham Washington Luís e formavam a junta provisória, que governaria até que chegasse o caudilho. Todos os jornais que apoiavam o governo constitucional foram empastelados, ou seja, devidamente destruídos; prisões foram realizadas e Washington Luís e Júlio Prestes foram exilados.

No dia 8 de novembro de 1930 os militares que formavam a junta militar passaram oficialmente o poder a Getúlio

Vargas. No mesmo momento, soldados gaúchos, que haviam chegado de trem com seus cavalos, lenços vermelhos amarrados no pescoço, seus ponchos, chapéus de gaúchos velhos e seus punhais na cinta, amarraram seus animais de forma simbólica no obelisco da Avenida Rio Branco, comemorando a vitória da revolução gaúcha.

Getúlio rasgou a Constituição de 1891 e passou a governar por meio de decretos. Acabou com a história de se eleger governadores e nomeou interventores em todos os estados, com poderes amplos e gerais.

Em 1934, uma vez que ficaria meio esquisito perante a comunidade internacional ser "eleito" ditador pela Assembleia Nacional Constituinte, Getúlio foi eleito presidente. Em 1937 mostrou de vez a que veio: depois de mais um golpe, fechou o Congresso Nacional e passou a ser de fato e de direito o presidente-ditador até 1945, quando caiu do poder.

Getúlio tinha um sorriso cativante. Seus discursos populistas, quase sempre realizados no estádio do Clube de Regatas Vasco da Gama, o mais imponente da capital federal, eram acompanhados de desfiles e festas que lembravam os organizados em Berlim por Goebbels, o grande articulador da propaganda nazista, por quem — não sei se particularmente por Goebbels, mas pelos nazistas e fascistas — Getúlio demonstrava uma enorme simpatia. Ficaram famosos seu chapéu Panamá, seus ternos de linho branco, sua amante Virgínia Lane, as festas organizadas por Dona Darcy — sua esposa, que criou diversas organizações e empreendimentos beneficentes —, as noites gloriosas no Copacabana Palace, onde seu irmão Benjamim Vargas, era figura notória e com mesa cativa nas mesas de bacará e nas roletas do belo e imponente cassino. Apoiado numa fantástica máquina de propaganda em causa própria, da qual falaremos em seguida, Getúlio alcançou junto ao povo brasileiro uma popularidade que, acredito, nenhum outro governante tenha conseguido. Foi o rei do populismo; e seus seguidores do futuro, que foram muitos, perto dele não passavam de meros aprendizes de feiticeiro.

Mas voltemos ao coronel Benjamim Vargas, o Beijo, como era conhecido pelas vedetes e por seus companheiros de noitadas, que foi um importante assessor de seu irmão e teve papel importante durante a Revolução Paulista de 1932, na vitória das tropas do governo e na perseguição aos revoltosos mais importantes. Quando começou a abertura política e o processo para uma eleição presidencial em 1938, ele foi de grande importância no projeto continuísta de Vargas, que culminou com mais um golpe e em 10 de novembro de 1937 implantou o Estado Novo, com o fechamento de todos os órgãos legislativos e a dissolução dos partidos políticos.

Depois do ataque dos integralistas de Plínio Salgado contra o Palácio Guanabara, em maio de 1938, Beijo criou, por orientação direta de Getúlio, a famosa e temível guarda pessoal do ditador, formada por brutamontes quase todos oriundos do Rio Grande do Sul, e que é mais um marco degradante da nossa História.

Getúlio era nacionalista, e se apoiava no seu Departamento de Imprensa e Propaganda, cópia mais do que fiel do famoso departamento de propaganda nazista criado pelo já citado mago do mal, o temível Dr. Joseph Goebbels. O DIP, como era conhecido, controlava a imprensa, e censurava tudo que fosse contrário aos interesses do ditador: revistas, noticiário internacional, teatro, cinema, espetáculos de revista. Com o dinheiro do contribuinte, publicava descaradamente folhetos, livros e panfletos enaltecendo as realizações de Vargas, suas conquistas, seus feitos, enfim, Vargas era tratado como se fosse um verdadeiro deus. No começo da Segunda Guerra Mundial, quando, veladamente, o ditador se sentia mais próximo de Hitler do que de Churchill, o DIP tentava minimizar as vitórias dos aliados nos famosos jornais que antecediam os filmes. Nem na Revolução de 1964 e durante os anos de chumbo um órgão de censura e propaganda teve tanta força e importância como o DIP — o mais atuante órgão de coerção aos interesses contrários a um governante em toda a História do Brasil.

O homem forte do DIP, Lourival Fontes, foi contra a liberdade de pensamento e quem mais expressou o pensamento de um governante, se transformando no verdadeiro porta-voz de Vargas.

O DIP atuava ainda na área de turismo e eventos, organizava e dirigia a propaganda nas rádios, era responsável pela distribuição de fotos do ditador em todas as repartições públicas, colégios, clubes, casas comerciais, estações ferroviárias, enfim, onde houvesse uma parede, lá estavam os agentes do DIP para pendurarem uma foto de Vargas. Esse culto à personalidade e essa esmagadora máquina de propaganda criaram o famoso mito do "Pai dos Pobres", como o grande ditador ficou conhecido. Concursos de monografias exaltando Getúlio foram criados pelo DIP em todo o território nacional.

Sua mais longa intervenção foi a invasão do tradicional jornal *O Estado de S. Paulo* em 1940, que durou até 1945, quando Getúlio finalmente caiu do cavalo. Somente com a vitória dos aliados e a crescente pressão popular para o término da ditadura e do cerceamento à liberdade de imprensa, de pensamento e de expressão, é que o DIP perde sua razão de ser. Foi extinto no dia 25 de maio de 1945.

O pior é que os getulistas garantem que o bom homem de nada sabia, como não sabia das mortes, das prisões, das torturas, dos exílios, da Ilha Grande, do seu famigerado DOPS e nem da atuação de Filinto Müller, de quem falaremos a seguir, da sua Polícia Especial ou de sua guarda pessoal. Se acreditarmos em seus seguidores, Getúlio terá sido o mais ingênuo ditador que a humanidade já conheceu.

Para se saber o que era a Ilha Grande, o que lá se passou, os que lá foram torturados, sofreram, os que morreram de lá tentando fugir, considero de grande valia a leitura dos trabalhos de Orígenes Lessa, levado para lá por ter participado da Revolução Paulista de 1932, além das fantásticas *Memórias do Cárcere*, de um dos maiores escritores da nossa literatura, Graciliano Ramos, que também foi hóspede de Vargas por ter se colocado contra o seu governo em 1936.

O Departamento de Ordem Política e Social (DOPS), criado em 1924, foi um dos principais, senão o principal órgão de repressão durante o Estado Novo, tendo repetido este mesmo papel com igual competência, arbitrariedade e violência durante o Regime Militar de 1964. Sua função oficial seria a de controlar e reprimir os movimentos contrários ao governo, só que o estilo repressor de seus membros extrapolou tudo o que se pode imaginar em matéria de arbitrariedade, violência, tortura, violação de direitos humanos e até assassinatos.

Falar no DOPS sem citar a figura de Filinto Müller é deturpar completamente a História, e não vou deixar que isso aconteça com a minha, que já fica vista meio de lado pela afirmação de que não é oficial. Filinto Müller foi chefe de polícia de 1933 até 1942, ou seja, teve nove anos para exercer suas funções com enorme competência, truculência e desrespeito ao ser humano. Aproximadamente 20 mil pessoas foram presas durante sua estadia à frente da Chefatura de Polícia.

Os métodos de tortura mais empregados eram o maçarico, os estiletes de madeira enfiados por baixo das unhas, os "anjinhos", que nada mais eram do que alicates para apertar os testículos e as pontas dos seios, e a "cadeira americana", que impedia o prisioneiro de dormir. Os mais suaves eram o "pau de arara" queimaduras com cigarros e charutos e espancamento com canos de borracha. Para abafar os berros dos torturados usavam música em alto volume, ou o barulho das descargas das motos da Polícia Especial. Vários prisioneiros se enforcaram, alguns se atiraram no pátio, outros enlouqueceram — como Harry Berger, membro do Partido Comunista Alemão que fugira para o Brasil com sua esposa Sabo. E nada disso, ou muito pouco, chegava ao conhecimento do povo brasileiro, porque o DIP não deixava nada escapar.

Depois da queda do ditador, e durante o processo que se instaurou na Alemanha, na cidade de Nuremberg, entre novembro de 1945 e outubro de 1946, quando foram jul-

gados os principais criminosos nazistas, o virulento e panfletário jornalista, principal e repórter das organizações de
Assis Chateaubriand, David Nasser, iniciou uma série de seis
reportagens n'*O Cruzeiro* (1946) e publicou seu famoso livro
Falta alguém em Nuremberg (1947), onde narra com deta-
lhes e depoimentos dos mais confiáveis todos os crimes que
Filinto Müller cometeu ou deixou que cometessem em seu
nome através da escória que contratou, principalmente entre
as Forças Armadas e de segurança nacional, e que por sua
dedicação cega ao Estado Novo, seu horror aos comunistas
e a todos que se opunham a Vargas mereciam realmente um
lugar em Nuremberg.

Seu ato mais marcante, e de maior repercussão, principalmente em virtude da divulgação que recebeu graças ao excelente livro do jornalista Fernando de Morais, foi o caso de
Olga Benário Prestes, alemã e comunista de origem judaica
que veio para o Brasil na década de 1930 por determinação
da Internacional Comunista, para apoiar o Partido Comunista Brasileiro. Olga tornou-se companheira de Luiz Carlos
Prestes e teve uma filha com ele. Depois da Intentona Comunista de 1935, a prisão de Prestes e Olga se tornou quase
uma obsessão para Müller, e culminou com sua deportação,
grávida, para a Alemanha nazista, onde foi morta no campo
de extermínio de Bernburg em 23 de abril de 1942.

O pior é que não houve pedido de extradição por
parte do governo alemão, com quem o Estado Novo ainda
mantinha relações veladas. O que provoca certa perplexidade
é que Filinto Müller era o chefe de polícia e recebia ordens
diretas do Grande Ditador, tendo o ato de deportação sido
autorizado pelo Supremo Tribunal Federal, que era o quintal
da Nova República. E o "Pai dos Pobres" não tomou conhecimento, não soube de nada, não participou, não foi informado. E enquanto Olga era executada, certamente saboreava
um de seus deliciosos charutos cubanos.

E só um pouco mais de Filinto Müller para terminar
o assunto: em 1964, foi líder do Governo; de 1966 a 1968,

foi líder da Aliança Renovadora Nacional, a Arena, partido da revolução; foi novamente líder do Governo e da Maioria a partir de 1969; e Presidente da Arena de 1969 a 1973. Enfim, onde houvesse ditadura, tortura, falta de democracia e de liberdade, censura e nenhum respeito a direitos humanos, Felinto Müller estava presente de corpo e alma.

Antes de enumerar as realizações positivas da Era Vargas, que existiram e foram muitas, vamos dar uma leve passada pelos dois movimentos mais importantes que ocorreram contra a ditadura: a Revolução Constitucionalista de 1932 e a Intentona Comunista de 1935.

A Revolução Constitucionalista de 1932, em São Paulo, teve como base principal a perda do poder político do Estado com a Revolução de 1930, a protelação de Vargas em convocar a Assembleia Constituinte e a interferência constante nos assuntos internos de São Paulo pelos tenentistas do ditador. Os partidos Republicano Paulista e Democrático começaram uma forte campanha contra a ditadura e contra a interferência desmedida do governo federal nos Estados.

No dia 23 de maio de 1932, durante uma manifestação no centro de São Paulo, a polícia agiu com enorme violência. Quatro estudantes foram mortos e a situação tornou-se incontrolável. No dia 9 de julho eclodiu a rebelião armada contra Vargas. São Paulo se mobilizou, e civis ingressaram no corpo de infantaria, que foi transferido para as fronteiras de Minas Gerais, Paraná e Vale do Paraíba. Famílias doaram dinheiro, pratarias e joias para ajudar os revolucionários, e a Federação das Indústrias do Estado de São Paulo conclamou as empresas a fabricar armamento militar para os revoltosos.

Os comandantes militares Dias Lopes, Bertoldo Klinger e Euclides Figueiredo reconheciam a inferioridade de suas tropas, mas contavam com o apoio do Rio Grande do Sul e Minas Gerais, que lhes fora garantido, mas nunca chegou, pelo contrário, os dois Estados mantiveram-se leais ao Governo Provisório de Vargas. São Paulo ficou isolado.

Em outubro de 1932 foi assinada a rendição. Os principais líderes do movimento tiveram seus direitos políticos cassados e foram deportados para Portugal. Getúlio nomeou o general gaúcho Valdomiro Lima, tio da sua esposa Darcy, com interventor militar do Estado de São Paulo.

A revolução teve pelo menos um resultado positivo: dois anos depois, em 1934, foi promulgada a Constituinte. Mas teve duração efêmera, sendo rasgada por Vargas em 1937.

A Intentona Comunista, também conhecida como Revolta Vermelha, foi um movimento bem mais amplo, apoiado diretamente pela direção da Internacional Comunista. Eclodiu em Natal em 23 de novembro de 1935, no dia 25 em Recife e no Rio de Janeiro no dia 27.

Tal como a revolta paulista, a Intentona queria o fim da ditadura Vargas, mas era um movimento nacionalista, que se opunha às oligarquias e ao imperialismo. Reivindicava o não pagamento da dívida externa, propunha uma reforma agrária e o imediato estabelecimento de um governo eleito pelo povo. Apesar de ser um movimento armado, não tinha a intenção de modificar a ordem social burguesa, segundo o capitão Agildo Barata, um de seus líderes.

Seu líder principal foi Luiz Carlos Prestes, que comandou o movimento contrariando as pretensões do Partido Comunista Brasileiro e muito mais influenciado pela Internacional Comunista que o apoiava, mantendo junto ao brasileiro militantes comunistas internacionais, como Olga Benário, o argentino Rodolfo Ghioldi, o alemão Arthur Ewert e outros nomes importantes ligados ao Comitê Executivo internacional.

Prestes acreditava que o movimento iria criar uma mobilização nacional, unindo as classes operárias e os camponeses, bem como as classes progressistas que se opunham ao imperialismo e ao fascismo reinante no país. Em Natal chegou a ser instalado um governo revolucionário provisório, e em outras localidades houve ataques aos quartéis e guarnições militares. No Rio de Janeiro o movimento foi mais amplo, mais sanguinário, envolvendo o 3º Regimento de Infantaria, na Praia Vermelha, o 2º Regimento de Infantaria e o Batalhão de Comunicações, ambos na Vila Militar, e a Escola de Aviação, situada no Campo dos Afonsos.

Através do DIP, o governo espalhou o boato de que os revolucionários teriam capturado, ferido e matado de modo covarde seus colegas de farda, enquanto dormiam — mais uma na conta das calúnias que faziam parte do cotidiano do DIP, porque desde que o movimento eclodira no nordeste todos os quartéis estavam em regime de prontidão, e seria de uma imbecilidade total e irrestrita acreditar que soldados e oficiais nessa situação pudessem ser apanhados de surpresa.

Segundo informações do governo, o objetivo dos revoltosos ao tentar conquistar o Regimento de Aviação no Campo dos Afonsos seria se apossar das aeronaves para bombardear a cidade do Rio de Janeiro. Ou seja, pretendiam provocar uma mortandade sem limites, o que tornaria o movimento fortemente impopular. Houve uma batalha com a participação da infantaria legalista e apoio de baterias de artilharia. O regimento foi retomado e os revoltosos derrotados. Foram derrotados também na Praia Vermelha.

O governo de Vargas começou uma campanha de desmoralização do movimento, chamando-o de intentona, ou "intento louco". Prestes e alguns de seus seguidores acabaram presos e Olga Benário foi deportada; os militares foram considerados traidores e seus atos uma insubordinação e hostilidade à hierarquia militar.

O Congresso Nacional decretou o chamado Estado de Guerra, ou de Sítio, com a suspensão de direitos civis, abrindo o caminho para que em 1937 Vargas decretasse o Estado Novo, aumentando a concentração do seu poder. A repressão aos opositores do regime tornava-se cada vez mais forte, com o DIP se aproveitando cada vez mais da "ameaça comunista", que seria uma ameaça à paz nacional.

Em 1939, com a invasão da Polônia, começou a Segunda Guerra Mundial. O Brasil se manteve distante do conflito direto, mas o governo Vargas, como já foi dito, cultivava uma afinidade ideológica com os países do Eixo. Antes do início da guerra, agentes de Filinto Müller haviam se encontrado na Alemanha com membros da Gestapo, e não foi para aprender a fazer chucrute. O general Góes Monteiro chegou a participar, como convidado, de manobras militares realizadas pelas tropas de Hitler.

Vargas, no entanto, continuou em cima do muro. De um lado, seu governo e suas tendências o aproximavam do Eixo, mas economicamente necessitava cada vez mais dos dólares americanos. Em 1940, o ministro Souza Costa criou o Plano Quinquenal, que tinha como objetivos fundamentais o reequipamento das ferrovias, a construção da Usina Hidrelétrica de Paulo Afonso, a instalação de uma indústria aeronáutica e, o sonho maior do ditador, a construção da Usina Siderúrgica de Volta Redonda. Para tanto, o Tesouro Americano mandou a fortuna, à época, de 20 milhões de dólares. Os olhos de Vargas brilharam, passando a olhar os aliados com enorme admiração. Existem relatos de que os americanos pretendiam invadir o nordeste para instalar bases aéreas, caso Vargas, apesar de pedir cada vez mais dinheiro ao Tio Sam, continuasse tendo uma atitude passiva em relação aos aliados e dirigindo aos países do Eixo olhares de solteirona apaixonada.

Getúlio tinha contra si parte da opinião pública, que não era germanófila. E quando submarinos alemães afundaram cinco embarcações brasileiras em fevereiro de 1942, não deu mais para continuar namorando o ridículo bigode de Hitler. Em agosto o Brasil declarou guerra aos países do Eixo, mas passou dois anos preparando e treinando nossas tropas. Somente em julho de 1944 um contingente de aproximadamente 25 mil soldados seguiu para a Europa, onde desembarcou na Itália e continuou treinando com oficiais americanos, porque a FEB — nome com que ficou conhecida a Força Expedicionária Brasileira — não foi considerada apta pelo comando aliado para entrar numa guerra de verdade, que não era contra paulistas nem contra comunistas revoltosos.

Segundo observadores internacionais, os mais capazes e preparados eram os aviadores da FAB — Força Aérea Brasileira — que, com o modo brasileiro de ser, rapidamente se adaptaram aos aviões americanos, principalmente o Thunderbolt. Não deve ter sido muito difícil para aviadores que enfrentavam as turbulências no Brasil com verdadeiras sucatas voadoras. Foram enviadas duas unidades da FAB para a Itália, uma de observação e outra de combate — o 1º Grupo de Aviação de Caça, que ficou conhecido como "Senta a Pua". Nove oficiais-pilotos morreram e 10 foram abatidos, mas fizeram um belo estrago.

Em setembro de 1944, três meses depois do desembarque das tropas aliadas na Normandia — ocorrido no dia 6 de junho, conhecido como o "Dia D" e considerado como a maior operação de guerra de todos os tempos —, as tropas brasileiras entraram em combate contra alemães que formavam a segunda elite do que fora o grande exército do Terceiro Reich. Os brasileiros fizeram parte de uma das vinte divisões aliadas, que incluía tropas da 92ª divisão e do 442º regimento de infantaria dos Estados Unidos, italianos antifascistas, grupamentos formados por exilados europeus — principalmente polones, tchecos e gregos —, tropas oriundas do vasto império britânico, com canadenses, neozelandeses, australianos, sul-africanos, indianos e quenianos, além de franceses da África — marroquinos, argelinos e senegaleses. Comandar e se fazer entender por soldados e países tão diversos, com línguas e etnias distintas, era uma função árdua para os comandantes americanos. A FEB acabou se integrando ao IV corpo do exército americano, sob o comando do general Willis Crittenberger. O Brasil começou suas operações no centro da Itália, nos Montes Apeninos, sendo a mais importante batalha travada por nossos pracinhas a de Monte Castello.

Para os brasileiros, e principalmente para a propaganda governamental, nossa participação na Segunda Guerra Mundial foi vitoriosa, e é ensinada para a criançada como algo de muita importância no cenário de uma guerra como foi a de

1939. Mas as tropas italianas, aliadas dos alemães, já estavam esfaceladas, e como disse o general de divisão americano Edward Almond, o que dava mais trabalho era aprisionar os milhares de soldados fascistas que se entregavam de braços levantados diante de dois carros de combate, quatro jipes e uns vinte soldados americanos, que nem sabiam como fazer para mantê-los prisioneiros. Era um regime que apodrecia, tendo a ambição sem limites, a prepotência e a arrogância de Benito Mussolini levado a Itália a uma guerra bestial, que destruiu economicamente o país deixando milhares de mortos e uma terra arrasada pelos bombardeios violentos que sofreram, não só da potente força aérea americana, como de suas divisões blindadas, especialmente a conhecida "Divisão Búfalo".

A resistência italiana também contribuiu bastante para minar as tropas do ditador fascista, e no dia 28 de abril de 1945 Benito Mussolini e sua companheira Clara Petacci foram fuzilados. No dia seguinte foram levados para Milão e pendurados de cabeça para baixo em frente a um posto de combustível, enquanto uma multidão descarregava contra os dois corpos toda a raiva contida durante anos. Era o fim do fascismo, exatamente sete meses depois da primeira ofensiva dos soldados brasileiros. Em 8 de maio de 1945, com a rendição incondicional dos alemães, terminava a guerra na Europa.

Segundo dados que coletei, durante a campanha o exército brasileiro perdeu quatrocentos e cinquenta soldados e treze oficiais. Ainda segundo a mesma fonte, aproximadamente dois mil outros militares morreram em virtude de ferimentos sofridos durante os árduos combates, quando lutaram não só contra os inimigos, mas contra o frio, com temperaturas baixíssimas nas montanhas italianas, e contra um grande despreparo militar. Foram bravos e heroicos. 499 lá ficaram, enterrados no cemitério de Pistoia.

Navegando pela internet, que usei por boa parte do tempo como fonte de pesquisa para este livro — principalmente porque a contradição entre os diversos sites é fundamental para criar a dúvida, a opinião diferente, outro ponto de vista, e não deixar fluir a unanimidade, que, como dizia mestre Nelson Rodrigues, é sempre burra —, deparei-me com o texto do Sr. Roberto Navarro, que nem sei quem é, mas que cita a opinião do respeitado professor Vágner Camilo Alves e reflete exatamente o que penso sobre a participação das nossas tropas na guerra, e que, tenho certeza, vai deixar muita gente que enxerga mal profundamente contrariada. Eis o texto:

O mais correto seria dizer que o Brasil conseguiu grandes vitórias em pequenas batalhas da Segunda Guerra Mundial (1939-1945). A Força Expedicionária Brasileira (FEB) entrou em combate na Europa a partir do segundo semestre de 1944. Do lado dos aliados (Inglaterra, França, União Soviética e Estados Unidos), a FEB enfrentou as forças do Eixo (Alemanha, Itália e Japão) em território italiano, no chamado front do mediterrâneo. "Tivemos duas importantes vitórias em pequenas batalhas: Monte Castelo, em fevereiro de 1945, e Montese, em abril de 1945", afirma o historiador Vágner Camilo Alves, da Pontifícia Universidade Católica do Rio de Janeiro (PUC-RJ). Se alguém duvida de que essas batalhas foram secundárias no contexto geral da Segunda Guerra, basta analisar o efetivo brasileiro em ação. A FEB participou do conflito com apenas uma divisão de infantaria, enquanto só no front do mediterrâneo os aliados contavam com um total de 23 divisões. Aqui no Brasil, propagandas ufanistas, principalmente na época do governo militar (1964-1985), criaram a impressão de que a conquista de Monte Castelo — montanha da cordilheira apenina, no norte da Itália — foi uma batalha fundamental na Segunda Guerra. Apesar dessas ressalvas sobre a real dimensão de nossas vitórias, a atuação dos soldados brasileiros foi heroica. Mesmo mal treinados, com equipamento inadequado e enfrentando um frio de até 15º C negativos, conseguiram derrotar as forças alemãs que estavam entrincheiradas no alto do Monte Castelo. A ação brasileira fez parte de uma ofensiva maior de todo o IV Corpo do Exército dos Estados Unidos — do qual a FEB era uma das divisões. O resultado dessas operações conjuntas foi a expulsão dos alemães dos Montes Apeninos, permitindo uma ofensiva dos aliados no norte da Itália que marcaria o fim dos confrontos no país.[6]

E apesar das inúmeras medalhas que ornavam as fardas dos nossos oficiais, principalmente os generais — porque general brasileiro se enquadra na frase do poeta e compositor Orestes Barbosa: "quanto menor o exército, maior o número de medalhas de seus generais" —, a meu ver as duas pessoas mais importantes do nosso Corpo Expedicionário, pelo que relataram e pela rara inteligência e dom da arte de escrever, foram os jornalistas, cronistas, escritores e correspondentes de guerra Rubem Braga e Joel Silveira. São meus heróis da Segunda Guerra Mundial.

A participação dos brasileiros na guerra teve importância capital na queda do domínio de Vargas. Os movimentos contra o ditador já existentes, o exílio e prisão de intelectuais e políticos importantes, a falta de liberdade e de direitos políticos, tudo isso se agravou quando o Brasil entrou em guerra contra países que estavam próximos do pensamento político de Vargas e passou a ser aliado de nações onde a liberdade, a democracia e o respeito às leis em vigor eram o oposto do que se vivia em nosso país.

Mas Getúlio era uma águia, e para se manter no poder realizou diversas concessões de ordem política: decretou a anistia e começou um processo de organização dos partidos políticos, visando a prometida eleição que se realizaria em dezembro. Buscou apoio político em dois partidos, o Partido Social Democrático (PSD) e o Partido Trabalhista Brasilei-

---

6 http://jornalplacar.abril.com.br/materia/e-verdade-que-o-pais-venceu-uma-grande-batalha-na-segunda-guerra.

ro (PTB). Sempre visando se eternizar no poder, legalizou o Partido Comunista Brasileiro (PCB) que ele mesmo havia colocado na marginalidade. Sua maior oposição vinha da União Democrática Brasileira (UDN).

Dentro das Forças Armadas, que haviam participado do conflito, esse sentimento contra o autoritarismo era maior ainda. Os líderes militares perceberam que havia uma enorme possibilidade de Vargas não realizar as prometidas eleições, e em 29 de outubro de 1945 o ditador foi deposto por um golpe e se exilou em sua cidade natal, São Borja, no Rio Grande do Sul. No dia 2 de dezembro foram realizadas eleições livres — algo que parte da população brasileira nem sabia do que se tratava —, e o marechal Eurico Gaspar Dutra foi eleito Presidente da República pelo voto popular.

Dutra era o candidato de uma aliança entre o PSD e o PTB — coisas que só acontecem no Brasil, porque o PTB era o partido dos trabalhadores, o partido de Getúlio, e Dutra era um dos militares que haviam chefiado o golpe para depor o já golpista Getúlio. A UDN lançou como candidato o brigadeiro Eduardo Gomes, e o PCB disputou o pleito com o candidato Yeddo Fiuza. Dutra teve 55 por cento dos votos e se tornou o 16º Presidente do Brasil.

Como já afirmei, Getúlio era um político essencialmente populista. Seu governo teve grande apoio dos trabalhadores, que viram seus direitos serem implantados com a Consolidação das Leis do Trabalho — inspirada e muito, nas leis fascistas de Mussolini —, que instituiu o salário mínimo, a semana de trabalho de 48 horas, a carteira profissional e férias remuneradas. Criou também a Justiça do Trabalho.

Além disso, Vargas aumentou a malha ferroviária, estimulou a navegação da cabotagem e promoveu importantes avanços na industrialização do país com a criação de um parque industrial mais desenvolvido. Fundou a Companhia Vale do Rio Doce e a Companhia Siderúrgica Nacional — com os dólares dos americanos. Em 3 de outubro de 1945, pouco antes do golpe militar que o tirou do poder, fundou a

Hidrelétrica do Vale do São Francisco, que só foi realmente constituída quando ocorreu a primeira assembleia de acionistas em 15 de março de 1948, quando Dutra já era presidente.

Entre as realizações positivas do governo Vargas, uma das mais importantes é a criação, em 1934, do competente Instituto Nacional de Estatística, que começou a funcionar efetivamente em 1936. Em 1938 recebeu novo nome, passando a ser conhecido como Instituto Brasileiro de Geografia e Estatística, o IBGE, que mantém até os dias de hoje.

Tirando algumas nomeações e alguns pequenos escândalos envolvendo seu irmão Benjamim e membros de seu gabinete, Getúlio Vargas foi um homem honesto. Não ficou milionário, e quando se matou, anos depois, o que deixou para a família era inteiramente compatível com o que possuía antes de tomar o poder, acrescido do que recebeu durante os quinze anos em que mandou e desmandou neste país.

-15-

Eurico Gaspar Dutra, o mais feio presidente da nossa História e inimigo jurado das roletas

Eurico Gaspar Dutra: eis um homem difícil de ser explicado, entendido e aceito. Do ponto de vista estético, foi sem dúvida alguma o presidente mais feio que o Brasil já teve durante toda a sua vida republicana. Sobre sua cara diziam que era o retrato falado de parte da nossa anatomia que, por respeito aos leitores, não irei mencionar. Vamos tentar entendê-lo em poucas palavras, ou melhor, vocês podem tentar, porque eu não consegui.

Em setembro de 1946 foi publicada a nossa quinta Constituição, que continha princípios liberais e conservadores. Manteve o voto secreto e universal, tendo direito ao voto todos os maiores de 18 anos, com exceção dos analfabetos. Restaurou as garantias individuais, acabou com a censura e com a pena de morte, criou a inviolabilidade de correspondência, estabeleceu a separação entre os três poderes, reduziu o mandato presidencial de seis para cinco anos e proibiu a reeleição para cargos do Executivo. Mas preservou a estrutura fundiária, deixando intocados os grandes latifundiários; manteve a estrutura sindical de cunho fascista, com a força dos grandes sindicatos; e não atendeu às propostas de alguns políticos, que desejavam a privatização de bancos e algumas indústrias.

Durante sua vigência, ocorreu em 1964 o golpe militar contra o presidente João Goulart, quando passou a receber diversas emendas militares que descaracterizaram seu aspecto democrático e progressista. Foi suspensa pelo Ato Institucional Nº 1 e finalmente rasgada e substituída pela de 1967. Depois desse breve passeio pelo futuro, voltemos a 1946.

Tudo era muito bonito no papel, mas quando se falava em movimentos populares, trabalhistas e comunistas, Dutra tinha arrepios e ficava ainda mais feio. Chegou a proibir o Movimento Unificador dos Trabalhadores, que desejava um sindicalismo autônomo, livre da interferência estatal nos órgãos de classe. Era católico fervoroso. Sua esposa Dona Carmela, conhecida como Dona Santinha, parece que não saía da igreja, e teve influência junto ao ministro da Justiça Carlos Luz na decretação do Decreto-Lei 9215, de 30 de abril de 1947, que fechava os cassinos no Brasil. O texto já diz tudo:

> A repressão aos jogos de azar é um imperativo de consciência universal; a tradição moral, jurídica e religiosa do povo brasileiro é contrária à prática e exploração dos jogos de azar e, das exceções abertas à lei em geral, decorrem abusos nocivos à moral e aos bons costumes.

A extinção do jogo foi um ato de arbitrariedade e truculência. Não foi dado prazo para que os empresários se organizassem, deixando desempregadas de uma hora para outra milhares de pessoas, como crupiês, fiscais, funcionários, artistas, músicos, cozinheiros, garçons, motoristas, enfim, um mundo que gravitava em torno dos cassinos. O Cassino de Lambari, em Minas Gerais, por exemplo, foi inaugurado um dia antes do decreto do fechamento do jogo. E o que dizer do fantástico complexo que era o Quitandinha? Houve alguma indenização por parte do governo? Que eu saiba, nenhuma.

Foi mais uma demonstração da personalidade de Dutra, que durante toda a campanha presidencial — enquanto seu adversário direto, o brigadeiro Eduardo Gomes, defendia o fechamento dos cassinos — não se manifestou a respeito, obtendo com isso o apoio dos empresários que investiram na sua candidatura. Assumindo em janeiro, três meses mais tarde dava o tiro de misericórdia no setor.

Dando mais um salto em direção ao futuro, como é marca registrada neste livro, é fácil verificar que a reabertura dos cassinos no Brasil nunca ocorreu e nem deve ocorrer tão cedo. Existe, hoje em dia, uma oposição da Igreja Católica, que anda meio por baixo, além de uma mais forte por parte da bancada dos pastores milionários das igrejas universais e outras análogas, que ficariam em situação delicada diante de suas humildes ovelhas — que tanto contribuem para suas mansões, lanchas e carros importados — caso estas descobrissem que, além de visitarem os cassinos uruguaios e paraguaios, teriam aprovado a abertura de cassinos brasileiros. Cassinos, convenhamos, são coisa do demo.

Mas a realidade é que uma reabertura, com os milhares de empregos que geraria e os altos impostos que os estabelecimentos pagariam, seria contrária aos interesses do governo federal, que tem nas loterias da Caixa Econômica uma alta fonte de divisas. Somente um idiota completo não consegue enxergar que não existe maior banqueiro de jogo hoje na América do Sul que as Loterias da Caixa, que com suas senas, quinas, lotos e quadras — enfim, todos os tipos de jogo — vão raspando as economias, principalmente das classes menos favorecidas, constituindo uma das maiores bancas de jogo do mundo, capaz de matar de inveja Las Vegas e Monte Carlo.

Voltando a Dutra, em maio de 1947 o presidente colocou o PCB na ilegalidade, e, em seguida, cassou o mandato de seus representantes no Congresso, inclusive o de Luiz Carlos Prestes. Esta medida alinhou mais ainda seu governo com os americanos, que viam no marechal seu maior aliado na América do Sul. Depois da Conferência Interamericana para a Manutenção da Paz e da Segurança do Continente — diabo de nome mais pomposo para não dizer coisa alguma — o Brasil rompeu relações diplomáticas com a União Soviética, se colocando ao lado dos Estados Unidos no contexto da chamada "Guerra Fria". Dona Santinha, que acreditava que comunista comia criancinhas, mandou rezar naquela noite 102 ave-marias.

O passado político do marechal é duro de ser engolido. Em 1935 comandou a repressão à Intentona Comunista, e em 5 de dezembro de 1936 foi nomeado por Vargas ministro da Guerra. Junto com o general Góes Monteiro, foi peça fundamental no golpe que instalou o Estado Novo em 1937. Foi contra a entrada do Brasil na Segunda Guerra Mundial, não querendo um maior envolvimento no conflito. E quando as pressões contra o Estado Novo — que ele ajudara a criar — se manifestaram fortemente depois da guerra, aderiu à causa contra o ditador. Foi exonerado da função de ministro da Guerra em 3 de agosto de 1945, para, logo em seguida, participar do golpe militar que tirou Vargas do poder. Para quem tem na sua ficha corrida esses feitos gloriosos, acabar com o jogo e banir o Partido Comunista foi café pequeno.

Dutra deu continuidade à política econômica de Vargas, com forte interferência estatal nos setores produtivos. Elaborou o Plano SALTE — S de saúde, AL de alimentação, T de transporte e E de energia —, que proporcionou ao país melhorias em todos esses segmentos, não tantas quantas desejava o marechal, mas ainda assim expressivas, devidas principalmente ao apoio das verdinhas que chegavam dos Estados Unidos. Em 31 de janeiro de 1951 terminou seu mandato, e fico feliz de encerrar este capítulo.

-16-

A VOLTA DE GETÚLIO DORNELLES VARGAS
AO PODER

Getúlio foi eleito senador nas eleições que elegeram Dutra para a presidência, mas não cumpriu integralmente seu mandato, se retirando para sua estância em São Borja. Diversos e influentes políticos, entre eles Ademar de Barros e Hugo Borghi, começaram uma campanha para que se candidatasse à presidência nas eleições de 1950. Muito importante foi o papel do jornalista Samuel Wainer, recompensado mais tarde com um financiamento de pai para filho feito pelo Banco do Brasil que lhe permitiu fundar, em 12 de junho de 1951, seu jornal *Última Hora*, que revolucionou a imprensa e se transformou no jornal oficial de Getúlio.

A candidatura foi lançada pela coligação PTB-PSP. Seu maior adversário era o brigadeiro Eduardo Gomes, que já fora derrotado por Dutra e era o candidato da coligação UDN/ PRP/ PDC/ PL.

O Partido Trabalhista Brasileiro tinha enorme apelo junto à população mais carente, que ainda conservava a imagem de Vargas que o populismo e a atuação do DIP haviam tornado famosa, a de "pai dos pobres". Uma de suas promessas de governo era a criação de uma empresa brasileira de petróleo, com a campanha "O petróleo é nosso", que teve a ajuda inestimável do grande escritor Monteiro Lobato.

Vargas e sua equipe, principalmente a turma oriunda do DIP, sabiam como ninguém manipular as massas e os meios de comunicação. Fez enorme sucesso e muito ajudou em sua eleição a marchinha intitulada "Retrato do Velho", que dizia: "Bota o retrato do velho outra vez/ Bota no mesmo lugar". Em agosto de 1950, a *Revista do Globo* publicou uma série de reportagens sobre Vargas e teve grande repercussão popular a sua foto com roupa de gaúcho, montado num cavalo baio e tendo como legenda a frase de um de seus antigos tenentes, João Neves da Fontoura: "Se o cavalo passar encilhado, ele monta".

O lançamento oficial da candidatura ocorreu em 19 de abril, dia de seu aniversário. Completando 68 anos de idade, Vargas começou uma exaustiva campanha, visitando 77 cidades e realizando comícios onde usava e abusava de seu enorme carisma.

As eleições foram realizadas no dia 3 de outubro de 1950, e Getúlio foi eleito com 48% dos votos válidos, deixando Eduardo Gomes com 29% e o inteiramente desconhecido Cristiano Machado com 20%. Mineiro e candidato do PSD, partido ao qual Dutra era filiado, Cristiano Machado foi de grande importância para garantir a vitória de Vargas. Importantes membros do PSD apoiaram a candidatura de Vargas contra a do candidato de seu próprio partido, e foi criado o termo "cristianizar", que nada mais era do que lançar um candidato e depois apoiar o de outro partido.

Getúlio tomou posse em 31 de janeiro de 1951, tendo como vice-presidente o potiguar Café Filho, que também fora eleito para o cargo. De acordo com a Constituição da época, votava-se para presidente e para vice. Trouxe para seus ministérios diversos de seus colaboradores dos tempos ditatoriais com os quais se reconciliou, entre eles o general Góes Monteiro, Oswaldo Aranha, João Neves da Fontoura, Newton Estillac e outros menos votados.

Entre suas promessas de campanha, a que mais mobilizou seu governo foi "O petróleo é nosso", e em 3 de outubro de 1953 foi promulgada a Lei 2004 que criou a Petróleo Brasileiro S/A — Petrobras, com monopólio estatal para pesquisa, exploração, refino do produto nacional e importado, transporte marítimo e sistema de dutos. O presidente do Conselho Nacional do Petróleo era Plínio Cantanhede, e o primeiro presidente da Petrobras foi o coronel Juracy Magalhães.

Outro sonho de Getúlio era criar a Eletrobrás, e ele realmente lançou as bases para sua criação, que só veio a ocorrer em 1961. Em 1954 entrou em operação a Usina Hidroelétrica de Paulo Afonso. Foram abertas novas ferrovias e iniciada a construção da Rodovia Fernão Dias, ligando São Paulo a Belo Horizonte, concluída no governo de Juscelino Kubitschek. Antes disso, em 1952, Getúlio assinou um acordo de cooperação militar com os Estados Unidos, o que mostra que a política é uma verdadeira montanha russa, onde a cada momento estamos num ponto diferente, vendo de outro ângulo a paisagem que antes nos incomodava e, de repente, passa a ser de nosso inteiro agrado.

Seu governo foi complicado, não só por conta de medidas administrativas, como pelas acusações de corrupção, principalmente as que brotavam do próprio Palácio do Catete, envolvendo colaboradores diretos e membros de sua famosa guarda pessoal, a "Guarda Negra", comandada por Gregório Fortunato — uma prova de que quem foi ditador nunca deixa o autoritarismo de lado. A existência de uma guarda pessoal do presidente era um retorno ao passado, mais precisamente ao ano de 1938, quando fora criada para protegê-lo.

Quando reajustou o salário mínimo em 100%, em fevereiro de 1954, houve fortes protestos em forma de um manifesto dos militares, entre eles um dos homens mais importantes na revolução de 1964, Golbery do Couto e Silva. Conhecido como Manifesto dos Coronéis, mostrou a Vargas que estava perdendo o controle dos militares. A demissão do futuro presidente João Goulart do cargo de ministro do Trabalho — que segundo historiadores foi efetuada sob pressão — enfraqueceu o governo perante as centrais sindicais, onde o prestígio de Jango era grande.

Mas o maior adversário que Vargas enfrentou foi o polêmico, amado e odiado jornalista, ex-comunista e político — tinha sido vereador e deputado — Carlos Frederico Werneck de Lacerda, que se encontrava em campanha para deputado federal; mais tarde seria governador do Estado da Guanabara, considerado até por seus detratores e inimigos políticos como o mais importante, ativo e empreendedor governante que o Rio de Janeiro conheceu. A "Tribuna da Imprensa", jornal de Lacerda fundado em 1949, era o anti-Vargas por excelência. Dono de um dom de oratória que talvez nenhum outro político tenha exibido em toda a nossa História, deixando seus adversários completamente sem ação, tal a sua capacidade de raciocínio, sua memória fabulosa, seu conhecimento da língua portuguesa, o timbre da voz e a forma como sabia usá-la, bem como os gestos estudados, Lacerda se transformou no pesadelo de Vargas. Seus inimigos o apelidaram de "Corvo" e "derruba-presidentes".

Lacerda foi fundamental para a desmoralização do governo de Vargas que culminou com o suicídio do presidente. Também participou de uma tentativa de um golpe de estado em 1955, junto com alguns militares de direita, para impedir a posse de Juscelino e seu vice, João Goulart. Em 1961 foi opositor de Jânio Quadros, seu antigo aliado político, e foi pouco depois de um devastador discurso de Lacerda na televisão que ocorreu a renúncia de Jânio. Foi um dos líderes civis da revolução de 1964, para dela se afastar em 1966, se insurgindo contra o continuísmo dos militares no poder e o não cumprimento por parte dos generais da promessa de realizarem eleições livres, nas quais seria candidato. Em novembro de 1966 lançou a Frente Ampla, movimento contra o golpe de 1964, liderada por ele e por seus antigos inimigos políticos, Juscelino e Jango Goulart. Em 1968, Lacerda teve seus direito políticos cassados pelos militares.

Seu poder de oratória era tão destruidor que Juscelino, durante seu governo, não permitia que Lacerda falasse na televisão. Anos mais tarde, em 1966, em entrevista concedida em Lisboa, JK declarou que se tivesse deixado Lacerda aparecer na televisão seu governo teria enorme possibilidade de ser derrubado.

Um exemplo de sua capacidade de improvisar e responder, sem dar ao adversário tempo de raciocinar, ocorreu num debate na Câmara, na época em que nela existiam oradores brilhantes. Lacerda discursava quando Eloy Dutra, seu adversário ferrenho e ótimo orador, o interrompeu e disse: "Vossa Excelência é o purgante deste país". Lacerda, num átimo de segundo, replicou: "E Vossa Excelência é o resultado".

Mas voltando a Lacerda x Vargas, Lacerda começou uma campanha contínua contra Getúlio, denunciando o chamado "mar de lama" que imperava na sede do governo, o Palácio do Catete. Paralelamente, atacava com virulência o jornal getulista *Última Hora*, acusando o presidente de ter dado dinheiro do Banco do Brasil para Samuel Wainer fundar o seu jornal, que mantinha com o dinheiro do contribuinte, como órgão de imprensa oficial do Catete. Foi criada uma comissão parlamentar de inquérito, que contribuiu muito para colocar a opinião pública contra Getúlio.

Lacerda se dizia ameaçado por getulistas, principalmente pelos membros da "guarda pessoal", e passou a ser acompanhado por oficiais da Aeronáutica. Na madrugada de 5 de agosto de 1954 ocorreu o famoso atentado na Rua Tonelero, em Copacabana, em frente ao apartamento onde Lacerda residia. Lacerda foi ferido no pé e o major Rubens Florentino Vaz foi assassinado. Os responsáveis, conforme apurado na investigação realizada pela Aeronáutica, que ficou conhecida como a "República do Galeão", foram Alcino João Nascimento e Climério de Almeida, membros da "Guarda Negra". Gregório Fortunato foi considerado o mandante, e a guarda pessoal foi extinta em 8 de agosto. Em nenhum momento, nem Lacerda, nem os oficiais da Aeronáutica — que por razões de corporativismo militar tinham total apoio de oficiais do exército e da marinha —, nem a opinião pública, nem mesmo os adversários de Vargas tentaram incriminá-lo por qualquer ingerência no atentado. Mas, ao dele tomar conhecimento, Vargas exclamou: "Carlos Lacerda levou um tiro no pé. Eu levei dois tiros nas costas".

A maré contra Vargas crescia vertiginosamente, com ataques cada vez mais violentos por parte de Lacerda, devidamente apoiado pelos militares. Pedidos de renúncia do presidente se tornavam mais insistentes, principalmente com o Manifesto dos Generais de 22 de agosto, assinado por 19 generais, entre eles Humberto Castello Branco, Juarez Távora e Henrique Lott. No dia 23 de agosto, o presidente se reuniu com seus ministros no Palácio do Catete, com a finalidade de estudarem uma saída para a grave crise que tomava conta do país. A reunião entrou pela madrugada do dia 24, e mais tarde chegou ao Palácio seu irmão Benjamin, com a notícia de que os militares exigiam sua renúncia. Getúlio se retirou para seu quarto, afirmando que "só morto sairei do Catete". Logo em seguida foi ouvido um estampido, e Vargas foi encontrado morto com um tiro no coração, deixando sua famosa carta-testamento, que já deveria estar escrita há um certo tempo, porque seria impossível escrevê-la no tempo decorrido entre sua entrada no quarto e o tiro do revólver: "Saio da vida para entrar na História".

Como determinava a Constituição, no mesmo dia 24 assumiu a presidência o vice Café Filho, tendo sua posse ocorrido no dia 3 de setembro, enquanto ainda havia um clima de comoção. Foi nomeado um novo ministério, com novas diretrizes políticas, e todos os ministros eram antigos opositores de Vargas. O corpo de Getúlio foi levado ao Galeão diante de enorme comoção popular, porque a morte sempre apaga as lembranças do passado, mais ainda nas condições em que a de Vargas aconteceu. Sua família recusou todas as homenagens oficiais do governo Café Filho, inclusive o uso de um avião da Força Aérea Brasileira para o transporte do corpo para o Rio Grande do Sul.

O governo de Café Filho, que foi de curta duração, teve os nossos problemas econômicos de sempre: tentou diminuir as despesas públicas, criou uma taxa única sobre a energia, limitou o crédito e criou a retenção do imposto de renda sobre salários. Mas poder-se-ia dizer que a passagem de Café Filho não teve nenhuma importância na nossa História, e ficou marcada mais por confusões pré e pós-eleição do que pela atuação do governante.

Em 1954 foi apresentada a candidatura de Juscelino Kubitschek, que prometia reformar e modernizar o país. O que começou a colocar pimenta no cenário político foi a candidatura de João Goulart à vice-presidência. Jango era gaúcho, amigo e ex-ministro de Getúlio, defensor da reforma agrária e de outras medidas que balançavam o nosso lado conservador. A UDN lançou a candidatura do marechal Juarez Távora.

As eleições foram realizadas em 3 de outubro de 1955, com ampla vitória de Juscelino. Em novembro do mesmo ano, Café Filho se afastou da presidência por problemas de saúde e assumiu o presidente da Câmara, Carlos Luz, enquanto corriam boatos cada vez mais fortes de que, por causa do passado de Jango, haveria um golpe para impedir a posse dos legitimamente eleitos. Devo ressaltar que Carlos Lacerda era um dos que mais combatia a posse, por enxergar na presença de Jango a possibilidade do retorno do getulismo, bem como pela alegação de que os eleitos não haviam obtido a maioria absoluta de votos.

Ao assumir a presidência, Carlos Luz mudou o Ministério da Guerra, exonerando o general Lott e colocando em seu lugar o general Álvaro Fiúza, contrário à posse de Juscelino. Lott e outros militares se rebelaram contra a medida e organizaram um golpe para destituir Carlos Luz da presidência interina, mas antes Café Filho se recuperou e tentou reassumir, no que foi impedido por Lott e outros militares, que o acusavam de conspirar contra a posse de JK e Jango. No dia 22 de novembro o Congresso aprovou o impedimento, não permitindo que Café Filho reassumisse seu cargo, para o qual foi indicado o vice- presidente do Congresso, Nereu Ramos. Ainda antes disso ocorreu o movimento fracassado de 11 de novembro, quando Carlos Luz, alguns ministros e o coronel Jurandir Mamede rumaram para Santos, a bordo do cruzador Tamandaré, para organizar um movimento contra a posse dos eleitos. Quando o Tamandaré passava à frente do forte Copacabana, foram disparados alguns tiros, que mais pareciam de festim e passaram a centenas de metros do cruzador. O bravo Tamandaré seguiu viagem e nada aconteceu.

Ao assumir a presidência, Nereu Ramos imediatamente reconduziu o general Lott ao Ministério da Guerra. O movimento de 11 de novembro terminou com atos que representavam um rompimento da hierarquia militar, e para colocar ordem na casa, com o apoio das Forças Armadas, Nereu Ramos conseguiu que o Congresso decretasse estado de emergência pelo prazo de 30 dias.

No dia 7 de janeiro de 1956 o TSE proclamou os resultados do pleito de 3 de outubro, e no dia 31 Juscelino e Jango foram empossados.

-17-

Juscelino Kubitschek e a criação do Reino da Fantasia

Poucos meses antes da eleição de Juscelino, em 17 de julho de 1955, foi inaugurada a primeira Disneyland, sonho do genial Walt Disney. Muito tempo antes, em 1902, James Matthew Barrie lançava um livro intitulado *The Little White Bird*, que foi adaptado para o teatro e se transformou em estrondoso sucesso. Seu personagem principal chamava-se Peter Pan, e vivia na Terra do Nunca.

Para não ficar atrás, JK criou seu próprio Reino da Fantasia, implantando para sempre a corrupção no Brasil e nos transformando em um dos personagens criados pelo mago Walt Disney: viramos todos patetas, com exceção da turma que vive no Reino da Fantasia de JK, sem dúvida alguma o maior centro de roubalheira, descaso, impunidade, desrespeito, falcatruas e conchavos, com muita coisa se passando por baixo dos panos. Salários astronômicos fazem com que uma terra que não produz rigorosamente nada tenha a maior renda per capita do país, e acho que quando criou seu reino encantado era exatamente isso que planejava o astuto e sorridente mineiro. E viva a gráfica do Senado!

Lúcio Costa e Oscar Niemeyer inventaram as esplanadas colossais e os jardins descomunais. Acabaram com as esquinas, o que veio a enterrar completamente a ideia do bar, do botequim, do lugar onde, além de beber e se divertir, se pode conspirar e dizer não; cortaram a cidade com vias de alta velocidade, e fizeram tudo certo para que não pudesse ocorrer nenhuma forma de manifestação popular. Quando o Rio de Janeiro era a capital federal, duzentas pessoas em frente ao Palácio do Catete parariam a cidade, e suas vozes ecoariam pelo mundo, porque o Rio era o Rio. Hoje, duzentas pessoas no grande planalto não conseguem nem encher o canteiro de um dos jardins da cidade do assalto — foi falha de digitação, eu queria dizer cidade do asfalto, mas já que está, deixa ficar.

A ideia de transferir a capital do país para o interior era antiga. José Bonifácio, o Patriarca da Independência, já cogitava essa possibilidade, com objetivo de levar o progresso para onde era quase inexistente. A Constituição de 1891, no seu artigo 3º, estabelecia que "fica pertencente à União, no planalto central da República, uma zona de 14.400 quilômetros quadrados que será oportunamente demarcada para nela estabelecer-se a futura capital federal". No governo de Arthur Bernardes o projeto ganhou estudos mais profundos, principalmente porque Bernardes considerava que a agitação política da cidade do Rio de Janeiro pesava, e influenciava as decisões governamentais.

Durante o Estado Novo, o ditador Getúlio Vargas deu ênfase ao projeto, menos pelo lado do desenvolvimento do interior, mais porque a turbulência intelectual e política do Rio incomodava, e muito, ao caudilho gaúcho.

A Constituição de 1946, no seu artigo 4º, determinava a transferência da Capital da União "para o planalto central do país". Pois durante sua campanha, JK fez dessa mudança a sua meta principal. E a cumpriu.

Valeu a pena? Tantas emendas e alterações sofreram as nossas constituições que bem que poderiam ter alterado o tal artigo 4º. Hoje, se JK não tivesse edificado seu mundo de faz-de-conta, as terras da capital estariam inteiramente tomadas pela agroindústria ou pela agropecuária, no lugar de políticos improdutivos teríamos gado de corte ou de leite, e onde se encontram os quase quarenta ministros, número que nada tem a ver o com Ali Babá, estaria o cerrado coberto de soja, milho e outros gráos que sustentam em grande parte a nossa economia — o custo Brasília é monumental, e quem o carrega são os contribuintes dos outros Estados, aqueles que produzem.

E tudo isso aconteceria naturalmente, sem a destruição da capital que já estava pronta, com seus ministérios, seus palácios, suas belas embaixadas, e, acima de tudo, localizada no centro do mundo, porque o que acontecesse aqui, como agora acontece lá, teria um impacto completamente diferente. E seria enorme a economia que o país faria, sem tantos ministros, deputados, senadores, assessores, fugindo de Brasília a qualquer momento como o diabo da cruz, porque do que eles gostam mesmo é de estar naquela cidade que, se não tivesse sido violentada, seria mais maravilhosa do que nunca.

Em 15 de março de 1956 foi criada a Companhia Urbanizadora da Nova Capital (Novacap), tendo como presidente o engenheiro Israel Pinheiro. Para entrar realmente na fase de construção foram construídos milhares de quilômetros de rodovias — JK era tarado por uma estrada de rodagem — e algumas ferrovias, porque lá não existia nada. Tudo vinha de outros Estados, inclusive os nordestinos, que foram os operários que mais trabalharam — receberam o apelido de candangos, e trabalhavam de sol a sol, num ritmo frenético, porque havia um prazo para a conclusão das obras: o dia 21 de abril de 1960.

Quando falei que em Brasília não existia nada, exagerei, porque havia pedra, tijolo e areia. O resto todo tinha de ser transportado, usando-se inclusive o transporte aéreo que encareceu de modo impressionante o custo da nova capital. Tratores, escavadeiras, guindastes, caminhões, jipes, tudo de que se precisa para se construir um simples túnel — imaginem uma cidade —, foi transportado, até os pneus e os macacos para mudá-los, quando furavam.

Juscelino tinha pressa, e usava de todos os recursos para cumprir sua meta. Etapas normais não existiam, o que se buscava era o resultado final. O Brasil girava em torno da construção da nova cidade, e as máquinas de imprimir dinheiro na Casa da Moeda não paravam de funcionar, sem nenhum lastro, criando uma inflação que perdurou durante décadas. Os empréstimos de bancos de desenvolvimento, governos estrangeiros e bancos internacionais elevaram a dívida externa do país a níveis nunca antes imaginados. E a chegada de operários em descomunal quantidade fez com que aparecessem em volta do "Plano Piloto" núcleos da pior qualidade habitacional. Suas casas, verdadeiros barracos construídos pelas grandes empreiteiras, que se eternizaram na realização de obras públicas, foram mais tarde melhoradas, e os bairros se transformaram em cidades permanentes, como Candangolândia, Paranoá, Planaltina e outras menos votadas. As condições de trabalho eram precárias, as gulosas empreiteiras só não sendo gulosas quando se tratava da péssima alimentação que forneciam aos trabalhadores. A galopante inflação corroía o que recebiam. Os salários eram pagos abaixo da média nacional e as horas extras muitas vezes deixavam de serem computadas, mas havia violência policial e repressão brutal contra qualquer protesto dos trabalhadores. Jornalistas e políticos contrários à construção de Brasília comparavam o que se passava nos acampamentos aos filmes do Velho Oeste americano.

Juscelino sorria, distribuía acenos para os que o aplaudiam. O custo da capital foi estimado em US$1 bilhão, não de hoje, por favor, um bilhão de dólares da década de 1960.

Brasília foi inaugurada pontualmente, com grandes festividades, no dia 21 de abril de 1960. Muita coisa ainda estava para ser feita, e as coisas continuaram sendo feitas, o precinho acima mencionado sempre aumentando, e com ele a inflação e o enorme endividamento do país. Mas o que

Brasília custou em termos de construção não é nada, se comparado ao que nos custa mantê-la.

Valeu a pena? Cada um tem sua opinião sobre o assunto, e como este livro é meio democrático, podem sentar o pau no autor por tudo o que ele disse e pensa sobre o Reino da Fantasia. Juscelino ficou no poder até 31 de janeiro de 1961, quando passou a faixa presidencial para o mais do que equilibrado Jânio Quadros.

Outra grande realização do nosso presidente, a quem o menestrel Juca Chaves chamava de "Presidente Bossa Nova", foi a compra de um porta-aviões inglês, o "HMS Vengeance", lançado ao mar em 1945. Era o que de mais revolucionário havia no mundo quando Juscelino resolveu comprá-lo no fim de 1956; custou uma nota preta, e ficou quatro anos na Holanda sendo modernizado — uma boca mais do que livre, com vários oficiais da marinha por lá ficando, ganhando em dólares e curtindo Amsterdam, o que não deixa de ser um barato. Depois de muito trabalho, o valoroso porta-aviões foi incorporado à marinha brasileira, com o nome de Minas Gerais, no dia seis de dezembro de 1960, e imediatamente recebeu o apelido de "Belo Antônio".

Para as gerações mais novas, que não sabem do fato, esclareço que "Belo Antônio" foi um filme de enorme sucesso em 1960, em que Marcello Mastroianni, no papel de Antônio, se casa com a belíssima Claudia Cardinale. Só que na hora de resolver suas obrigações, Antônio não conseguia ir adiante, ou seja, era belo, mas não dava no couro. O nosso porta-aviões era exatamente a mesma coisa: bonitão, mas totalmente inútil, tal como o belo Marcello, um impotente de marca maior. Foi um dos grandes feitos do governo JK.

Vamos falar agora com um pouco mais de seriedade sobre o que foi o governo de Juscelino, um governo democrático até o fim. Recebendo com simpatia as críticas que recebia, o presidente não fez inimizades. Se perseguiu um ou outro político, foi porque fez o mesmo que fazem todos os estadistas, e estou falando dos grandes. Gostava de uma festa, de rir, de dançar. Era conhecido como um tremendo pé de valsa. Distribuía alegria por onde passava e era querido pelo povo, que gostava do seu jeito de ser e das obras que ia realizando para modernizar o Brasil.

Durante sua campanha presidencial, Juscelino apresentou seu lema "Cinquenta anos em cinco" — queria fazer em cinco anos de governo o que outros presidentes não haviam feito em cinquenta. A base de seu plano era um investimento pesado na infraestrutura do Brasil; queria modernizar e trazer investimentos externos para as indústrias, construir hidroelétricas, aeroportos e, principalmente, criar uma malha rodoviária. Com a implantação da indústria automobilística, atraindo grandes montadoras como a Ford, a general Motors, a Volkswagen e a Willys — que se instalaram em São Paulo, principalmente no ABC —, JK criou empregos, provocando uma grande migração de nordestinos para São Paulo, numa espécie de corrida do ouro que causou uma superpopulação no sudeste e um esvaziamento do campo e das lavouras.

Sua meta de criar uma grande indústria automobilística implicava em construir rodovias, porque são em princípio por onde trafegam caminhões e automóveis. Mas considero a construção de uma malha rodoviária — em detrimento da ferroviária, que é o mais importante meio de transporte em qualquer país moderno, principalmente, em um com as nossas dimensões territoriais — a pior coisa que aconteceu em seu governo, talvez até pior do que Brasília. Ou não, fico na dúvida. O fato mais do que real é que essa política louca de construir rodovias foi seguida pelos militares que governaram o país durante o período da ditadura militar, e perdura até hoje. Há muitos interesses em jogo, muito lucro para a Petrobras e suas distribuidoras, porque carros e caminhões continuam usando combustível derivado do petróleo. O custo do transporte é enorme; a manutenção das estradas, que é da pior qualidade possível, tem efeito direto no aumento inaceitável do preço do frete, e, logicamente, de todos os produtos. O chamado Custo Brasil seria muito menor se o nosso território tivesse uma importante e moderna malha ferroviária, e um dos responsáveis por este absurdo é, queiram ou não os seguidores de JK, o próprio Bossa Nova, em carne e osso.

Enfim, os tais cinquenta em cinco não se realizaram, como nunca se realizam as grandes promessas de campanha. Vou repetir o texto que pirateei de algum site da vida sobre o balanço do governo JK. As palavras não são minhas, mas traduzem exatamente o que penso. Vamos a elas:

> A política econômica desenvolvimentista de Juscelino apresentou pontos positivos e negativos para o nosso país. A entrada de multinacionais gerou empregos, porém, deixou nosso país mais dependente do capital externo. O investimento na industrialização deixou de lado a zona rural, prejudicando o trabalhador do campo e a produção agrícola. O país ganhou uma nova capital, porém a dívida externa contraída para essa obra aumentou significativamente. A migração e o êxodo rural descontrolados fizeram aumentar a pobreza, a miséria e a violência nas grandes capitais do sudeste do país.[7]

Outro ponto a ser abordado é que os americanos passaram a olhar o Brasil com outros olhos, havendo grande interesse da CIA, dos departamentos de segurança, do FBI, tudo devidamente levado para a Casa Branca. Acredito que a grande participação americana no golpe militar de 1964 tenha começado, de fato, no governo de Juscelino, não por ele, mas pela mão de seu vice João Goulart, um homem de ideias socialistas, ligado diretamente ao proletariado e com projetos de reforma agrária, assuntos que deixavam os homens fortes da terra do Tio Sam com os cabelos em pé. Eram muitos os acontecimentos, e os americanos, que estavam vendo comunistas até debaixo de seus tapetes, observavam com atenção qualquer movimento que pudesse ser encarado como mais

---

7 http://www.suapesquisa.com/historiadobrasil/governo_jk.htm.

uma investida esquerdista — era o que pensava o Pentágono.

A Guerra Fria, que começara com o fim da Segunda Guerra Mundial, era um tormento, e os Estados Unidos se arrependiam todos os dias de não terem ouvido o que clamava o maior estadista de todos os tempos, Sir Winston Churchill. Se tivessem feito o que queria Churchill, e não o que pensava o general Dwight Eisenhower — "Ike", para os íntimos —, a história seria contada de outra maneira, mas não foi. E a Guerra Fria, expressão cunhada por Churchill, tornou-se um dos tormentos por que passaram não só os americanos, mas o mundo.

Entre 1951 e 1953 aconteceu a Guerra da Coreia, que terminou com divisão do país no paralelo 38. A partir daí, a Coreia do Norte, onde direitos humanos são hoje mera utopia e que já se compara aos crimes contra a humanidade cometidos por Hitler, tornou-se um quintal da União Soviética, enquanto a do Sul virou um jardim americano. O pau comeu, e muitos americanos ficaram enterrados por lá. Em 1955 começou a estúpida Guerra do Vietnã, que só iria terminar em 1975, com a retirada das tropas americanas com o rabo entre as pernas, derrotados pelos vietcongues, que eram devidamente apoiados pelos soviéticos.

Em 23 de outubro de 1956, a Hungria foi brutalmente invadida pelos tanques soviéticos, que deram um fim ao movimento popular húngaro em novembro do mesmo ano, depois de atrocidades que ficaram para sempre marcadas na história do nosso pobre mundo.

Em 1º de janeiro de 1959 caiu o governo do ditador Fulgêncio Batista, grande aliado dos americanos, com a vitória do Movimento 26 de julho liderado por Fidel Castro. E começaram as reformas socialistas, apoiadas pela União Soviética, logo ali, pertinho da costa americana. Era demais para os sobrinhos do Tio Sam. Também em 1959, Mao Tsé-Tung, outra pedra nos tênis dos americanos, deixou o cargo de chefe supremo da ditadura chinesa. Continuou como presidente do partido comunista e se aprofundou mais ainda nos princípios da Revolução Cultural Proletária, publicando seu famoso livro vermelho conhecido como *Os Pensamentos do Presidente Mao*.

E no Brasil, maior território da América do Sul, onde os americanos vinham investindo pesadamente, o criador de Brasília tinha como vice o senhor Jango Goulart. Não dava para aguentar. Indiretamente, JK, sempre sorridente, também começou a ser alvo da curiosidade sempre ativa dos americanos, e só menciono o assunto porque ele tem um desdobramento ainda maior no governo Jânio/ Jango e no golpe de 1964.

Mas vamos deixar de lado as intrigas internacionais, porque surge no horizonte, mais despenteado e torto do que nunca, o homem da vassoura.

-18-

Jânio da Silva Quadros,
o presidente tresloucado

Jânio foi vereador e depois deputado, até que se elegeu prefeito do município de São Paulo, enfrentando uma campanha milionária do candidato Francisco Antônio Cardoso, que contava com descarado apoio municipal e estadual. A campanha de Jânio foi chamada "o tostão contra o milhão". Ganhou, e foi um dos melhores prefeitos da cidade, que governou de 1953 a 1955, quando se afastou para começar sua campanha para governador do Estado, concorrendo com o poderoso Adhemar de Barros. Com pequena margem, deu Jânio na cabeça. Foi também um ótimo governador, tendo como marca registrada a sua luta contra a corrupção, contra o descaso do servidor público — eram famosas as suas incertas, a qualquer hora do dia, nas mais diversas repartições, para verificar quem fingia que trabalhava e a qualidade do serviço oferecido ao contribuinte.

Fez sucesso, e conseguiu uma grande popularidade. Estava aberto seu caminho para a presidência do Brasil, porque seu estilo de governar, suas frases de retórica complicada, sua maneira de se vestir, seu desinteresse por festas, comemorações ou fausto e a notícia do aperto dos gastos públicos se espalharam por todo o país. No Estado, realizou obras importantes: abriu avenidas, tratou do sistema de abastecimento de água e de saneamento básico e construiu o Complexo Penitenciário do Carandiru.

O passo seguinte foi sua candidatura à presidência, com apoio da UDN e um jingle de enorme sucesso: "Varre, varre, vassourinha, varre a corrupção". Era um candidato populista e completamente inovador. Usava roupas mal cortadas, que ele amassava mais ainda antes de seus comícios; comia sanduíches de mortadela que retirava dos bolsos de seus paletós e até colocava um pozinho na lapela para dizer que era caspa. Tirou proveito da crise econômica provocada pela política ambiciosa de Juscelino e de uma grande dívida externa, oriunda principalmente do custo Brasília. Seu lema era acabar com a inflação, moralizar o desmoralizado país e combater como ninguém antes combatera a nossa endêmica corrupção. Foi eleito presidente no pleito realizado em outubro de 1960, com uma votação esmagadora.

O primeiro problema é que seu vice era João Goulart, eleito pelo PTB, lembrando sempre que a Constituição em vigor era a de 1946, com a votação em separado para presidente e vice, ou seja, o presidente e o vice representavam ideias e partidos antagônicos. Jânio tentou repetir no Brasil e que fizera em São Paulo, mas o enfrentamento era maior; a corrupção do nordeste, através dos currais eleitorais de seus governadores, estava mais distante; e em relação às medidas econômicas, adotou uma política mais do que conservadora, aceitando de olhos fechados o que lhe era imposto pelo Fundo Monetário Internacional: congelou salários, restringiu o crédito ao consumidor e desvalorizou o cruzeiro, que era a moeda de plantão. Mas não conseguiu seu grande objetivo de combater efetivamente a inflação.

Era, como escrevi no título do capítulo, um presidente tresloucado. Seus famosos bilhetinhos, escritos do próprio punho para ministros, assessores e diretores de estatais, eram a delícia da imprensa, principalmente por seu rebuscado português, que conhecia e dominava como poucos brasileiros.

Sua forma de se expressar, com os cabelos desalinhados, tirando e colocando os óculos, gestos exagerados e abusando da ordem indireta na formação de suas frases, fazia a delícia dos comediantes. José Vasconcellos, um de seus mais conhecidos imitadores, que enchia os auditórios com seus shows — um deles o bem-sucedido "JV no País dos Bilhetinhos" —, dava um show à parte imitando o presidente.

E o nosso homem se preocupava com o comprimento dos maiôs das misses, com os biquínis que abençoavam as praias cariocas, com as corridas noturnas de cavalos, com rinhas de galo, enfim, era tudo muito sem propósito para um homem que governava um país repleto de problemas, dívidas e inflação, ameaçado por desordens administrativas.

E mais: Jânio gostava, e muito, de um bom uísque. Ficou famosa a frase com que respondeu a uma jornalista, que lhe perguntou por que bebia tanto: "Minha filha, bebo porque é líquido, se fosse sólido, comê-lo-ia".

E no seu mundo de contradições — um candidato de partido conservador, a UDN, afirmando sempre que estava combatendo o comunismo internacional —, em agosto de 1961 condecorou Ernesto "Che" Guevara em Brasília, no Palácio da Alvorada, com a mais alta comenda brasileira, a Medalha Cruzeiro do Sul. A tradicional família brasileira ficou arrepiada, a Igreja quase o excomungou e o Pentágono viu que o assunto era preocupante.

Sua popularidade, não cumpridas as metas esperadas pelo povo, começou a despencar. E para afundar de vez, perdeu o apoio político da UDN e passou a ser atacado pelo mais importante representante do partido, o tribuno e jornalista Carlos Lacerda, que no dia 24 de agosto, num de seus mais inflamados e contundentes discursos, denunciou na televisão que Jânio estava preparando um golpe para se apoderar do poder. Lacerda, conhecido com o derruba-presidentes, como já disse, tinha o apoio de Roberto Marinho, de Júlio de Mesquita Filho e de Dom Jaime de Barros Câmara, arcebispo do Rio de Janeiro.

Na tarde do dia 25, sem dar tempo à população de absorver a denúncia de Lacerda, Jânio Quadros apresentou sua carta de renúncia, na qual citava "forças terríveis" contra ele, forças que ele nunca explicou e ninguém nunca entendeu. O popular "Repórter Esso", em sua edição divulgando a renúncia, usou a expressão "forças ocultas", que acabou entrando para a História, mas que Jânio nunca usou.

Pode ser que no fundo Lacerda tivesse razão, porque o que dizem todos que viveram o momento é que Jânio não esperava que sua carta fosse entregue imediatamente ao Congresso e sua renúncia aceita de modo incondicional por seu presidente, Ranieri Mazzilli. Ao contrário, pensava que ao saber de sua intenção o povo o aclamaria, recusando a renúncia, o que lhe daria um poder sem limites. Sonhava que acontecesse com ele o que aconteceu na França com Charles de Gaulle, mas a diferença entre os dois chefes de Estado era abismal; e enquanto o general francês desceu a Avenue des Champs-Élysées nos ombros do povo, Jânio ficou bem quietinho dentro de um avião que o levaria de Brasília para São Paulo. Danou-se.

E abriu uma grande crise no Brasil. Os congressistas, pressionados pelos militares, pela Igreja e por grupos da direita, não queriam dar posse a João Goulart, que se já tinha a fama de ser homem de esquerda viu esta fama se acentuar ainda mais, porque enquanto Jânio renunciava, ele se encontrava em missão comercial na China, logo na China de Mao. O governo americano, indiretamente, alimentava a mesma posição. Os militares consideravam que a posse de Jango, com suas ideias, colocaria em risco a segurança nacional. Por seu lado, grupos da extrema-direita e conservadores viam em Jango a abertura do caminho para a implantação do comunismo no Brasil.

Foi entregue uma carta ao Congresso Nacional propondo que Ranieri Mazzilli, que assumira interinamente a presidência como presidente do Congresso, continuasse no cargo e convocasse novas eleições, mas a sugestão foi repudiada até por parte das Forças Armadas, sendo o general Machado Lopes, comandante do III Exército, com base no Rio Grande do Sul, o mais ferrenho opositor ao não cumprimento da Constituição.

Estendeu-se pelo país um movimento denominado "Campanha pela Legalidade", que tinha em Leonel Brizola, governador do Rio Grande do Sul e cunhado de Jango, seu líder principal. Jango, que de bobo não tinha nada, da China se mandou para os Estados Unidos, uma manobra política inteligente para mostrar que estava muito bem com os americanos. A pressão popular oriunda do movimento da Legalidade, a posição de parte das três forças, que exigia o cumprimento do estabelecido na Constituição, e esse passo de raposa felpuda de Jango acabaram minando a oposição à sua posse, mas apenas em parte.

Para que não ocorresse algo pior, o Congresso aprovou de modo arbitrário uma radicalização da Constituição, estabelecendo o parlamentarismo como forma de governo e enfraquecendo a posição política de Goulart. No Dia da Independência, 7 de setembro de 1961, Jango foi empossado como presidente, tendo como primeiro-ministro o mineiro come-quieto Tancredo Neves.

O regime parlamentarista deixou Jango meio acorrentado em relação a seus planos e projetos. O insucesso do parlamentarismo, a pressão do grupo que restava da Campanha da Legalidade, os discursos panfletários do caudilho Brizola — tudo isso foi formando o quadro favorável a que se realizasse um plebiscito, em 6 de janeiro 1963, para restabelecer o presidencialismo.

Jango permaneceu por pouco tempo na presidência, porque em 31 de março de 1964 ocorreu o golpe militar, ou Revolução Militar, ou "Redentora" — enfim, qualquer que seja o nome que se dê, a verdade é que o movimento armado acabou com a democracia e implantou uma ditadura que durou 21 anos. Foi mais longa que a de Vargas, mas chamo Vargas de o "Grande Ditador" porque foi o único durante 15 anos, ao passo que a ditadura militar teve cinco ditadores no cargo, o que deixa Vargas com a posição imbatível de maior ditador da nossa História.

Com a volta do presidencialismo, Jango começou a tentar promover reformas, as chamadas Reformas de Base. Na área trabalhista e junto aos proletários era grande a influência de seu cunhado Leonel Brizola. No campo da reforma agrária, seus mais ativos e importantes defensores foram Miguel Arraes e Francisco Julião.

No dia 13 de março de 1964, Jango promoveu um comício gigantesco em frente à Central do Brasil. O mais exaltado era Brizola, que num discurso incendiário acusou o Congresso de ser contrário aos interesses do povo brasileiro, exigiu uma Assembleia Constituinte e insuflou a posição dos sargentos que, no ano anterior, haviam participado de um movimento que foi considerado pelo alto comando militar uma total quebra da hierarquia. Jango foi enérgico em seu pronunciamento. Criticou os grupos que se diziam democratas, mas eram capachos das grandes multinacionais; instigou a população a lutar por suas reformas de base e declarou que assinara um decreto encampando as refinarias privadas; anunciou que olharia com outros olhos para os bancos e que desapropriaria as terras situadas às margens das ferrovias, que eram poucas, e das rodovias federais, que eram muitas, como já frisei diversas vezes neste livro. Entre as entidades que mais os aplaudiam e com que Jango e Brizola mais contavam estavam a União Nacional dos Estudantes (UNE), as Ligas Camponesas e o Comando Geral dos Trabalhadores (CGT).

Seria simplista e de uma ingenuidade franciscana atribuir a esse monumental comício a eclosão do golpe militar de março de 1964, mas eu diria que foi a gota d'água. Melhor ainda, uma onda. Um tsunami. Em 1º de abril Jango foi deposto pelos militares com a promessa da realização de eleições em 1965.

Tais eleições nunca foram realizadas, e se instalou no país o mais negro e degradante dos três períodos negros da nossa História, uma ditadura que durou 21 anos, durante os quais a Constituição foi queimada e princípios básicos de direitos individuais vilipendiados, como foram queimadas a inteligência, a criatividade, as artes. Perseguições, violações, torturas, assassinatos, abuso incomensurável do poder e desrespeito aos princípios de direito internacional se tornaram corriqueiros, além de operações conjuntas com as ditaduras argentina, uruguaia e chilena. Foi, mais do que tudo, um período em que se maculou para sempre a dignidade de uma nação.

Brizola e Jango, protagonistas do comício de 13 de março, foram os primeiros a ter seus direitos políticos cassados pelo Ato Institucional Nº 1 de 9 de abril, seguidos de Jânio Quadros, Luiz Carlos Prestes, Celso Furtado, Miguel Arraes, Rubens Paiva, Darcy Ribeiro, Samuel Wainer, Nelson Werneck Sodré e muitos outros, num total de 102 pessoas.

-19-

Os anos de chumbo: 21 anos de História

Considero este capítulo o mais delicado, complicado e difícil de ser escrito de todo o livro. Não sou cientista político, nunca fui militante, não pertenço a nenhum partido, mas vivi todo o período da ditadura. E se um jornalista do quilate e da cultura de Elio Gaspari precisou de quatro volumes para dissecar o que foi a revolução de 1964, como poderia eu, que em poucas e quase anárquicas páginas ousei contar parte da nossa História, fazê-lo em tão poucas linhas? Dela darei apenas pinceladas, informações, relatos de fatos e até a minha opinião, porque como autor, acho que tenho todo o direito de dizer o que penso e por que o penso. Afinal, os anos de chumbo terminaram, e estamos vivendo, ao menos assim espero, uma democracia.

Vamos por partes, para não nos perdermos completamente.

Em setembro de 1963 havia ocorrido em Brasília uma rebelião dos sargentos da Aeronáutica e da Marinha, que não foi adiante. Mas a neutralidade de Jango em relação ao acontecimento teve enorme repercussão nas Forças Armadas, que viram no movimento uma ameaça à hierarquia, algo sagrado em todas as Forças Armadas do mundo. O general Peri Bevilacqua, comandante do II Exército, denunciou que o movi-

mento sofrera forte influência do Comando Geral dos Trabalhadores e de grupos de esquerda, e foi exonerado por Jango,
criando mais um desconforto dentro do exército.

No mesmo ano, em outubro, o governador do Estado
da Guanabara, o sempre polêmico Carlos Lacerda, concedeu
uma bombástica entrevista ao importante jornal americano
Los Angeles Times, atacando com sua conhecida virulência o
presidente e parte dos militares, que não tomavam uma posição contra o que ocorria no país. A situação era cada dia mais
tensa; foi solicitado a Jango que decretasse estado de sítio,
sendo o pedido rejeitado pelo Congresso. A solicitação de
Jango desagradou ainda mais os militares, e muitos deles, que
mantinham uma posição de neutralidade, passaram a conspirar junto com os que já se articulavam para promover um
golpe de estado.

No dia 19 de março ocorreu em São Paulo uma grande manifestação popular, conhecida como Marcha da Família com Deus pela Liberdade, com forte apoio da Igreja, de
grupos da direita e conservadores, industriais e banqueiros da
maior cidade do país. A marcha teve repercussão internacional, e foi explorada pelos dois mais importantes formadores
de opinião, as Organizações Globo e o grupo do jornal *O
Estado de S. Paulo*. Foi mais lenha na fogueira dos militares.

Passado um dia da passeata, o marechal Castello
Branco, chefe do Estado-Maior do Exército, fez circular um
memorando reservado aos oficiais do Exército, advertindo-
-os da existência de um processo comunista em andamento.
No dia 28, marinheiros e fuzileiros promoveram um ato que
não pode ser considerado uma revolta, mas foi outra violenta
quebra na hierarquia militar, com oficiais sendo jogados dentro d'água por praças e sargentos. Jango se recusou a punir
os participantes do movimento, o que gerou um profundo
constrangimento entre os oficiais da Marinha.

Quase como se fosse uma provocação, Jango compa-
receu no dia 30 de março a uma cerimônia realizada no Au-
tomóvel Clube do Brasil por sargentos e suboficiais da Polí-

cia Militar, durante a qual, em discurso panfletário, acusou a existência de um movimento contra seu governo. Impossível acreditar que não foi um ato de desespero, porque fica inaceitável se pensar que o presidente e seus órgãos de informação não tivessem a mínima ideia do que aconteceria no dia seguinte.

Na madrugada de 31 de março, o general Mourão Filho desceu de Minas com suas divisões blindadas e marchou em direção ao Rio de Janeiro, recebendo o apoio de quase todas as guarnições militares das três Forças Armadas.

O governo Jango caiu sem nenhuma resistência. Retornou a Brasília e de lá seguiu para o Rio Grande do Sul, onde Brizola tentava promover uma resistência ao golpe militar, contando somente com parte do efetivo das tropas aquarteladas no Estado. Jango entendeu que seria um banho de sangue sem pé nem cabeça, e que tal ideia somente poderia surgir da cabeça de Brizola. Ambos se mandaram para o Uruguai, sendo que ficou famosa a não confirmada história de que Brizola teria fugido disfarçado de freira ou usando roupas femininas, versão que sempre causou profunda irritação ao caudilho que sempre a negou de forma impulsiva, algumas vezes profundamente grosseira.

No dia 1º de abril se instalou a ditadura militar no Brasil, com a entrega do poder ao presidente do Congresso, Ranieri Mazzilli, que, aqui entre nós, já devia estar mais do que chateado de assumir provisoriamente a presidência. Parece que ele disse, o que não foi confirmado por testemunhas: "Mais uma vez? Cacilda!"

Uma das primeiras medidas do golpe militar foi a promulgação do Ato Institucional Nº 1, que estabeleceu eleições indiretas para presidente. No dia 11 de abril foi realizada a votação, tendo sido eleito o marechal Castello Branco, com 361 votos e 72 abstenções. Tomou posse em 15 de abril, inaugurando o ciclo dos presidentes-ditadores, sempre eleitos pelo Congresso.

No dia 8 de junho de 1964 foi anunciada na "Voz do

Brasil" a decisão tomada pelo Alto Comando de que Juscelino não era mais senador da República e seus direitos políticos acabavam de serem cassados. Os anos de chumbo estavam começando.

De acordo com o estabelecido na Constituição de 1946, que continuava em vigor, Castello deveria concluir o mandato de Jânio e deixar o poder em 31 de janeiro, quando em tese tomaria posse o novo presidente eleito pelo povo em 3 de outubro de 1965, quando os candidatos Carlos Lacerda e Juscelino eram os favoritos. Mas a eleição nunca se realizou, e começaram os ataques de Lacerda, um dos mais importantes líderes civis da revolução, contra os militares. Castello ficou no poder até 15 de março de 1967, sendo substituído pelo marechal Costa Silva, militar de linha dura e com quem Castello não mantinha as mais amigáveis relações.

Com relação aos "anos de chumbo", como ficaram conhecidos os 21 anos da ditadura militar, entendo que no governo de Castello Branco o chumbo ainda era mais leve, tipo do chumbinho usado nas espingardas de ar comprimido, que machucam, mas não fazem um grande estrago. Já com Costa e Silva e com Médici, o chumbo ficou grosso, pesado, de muita potência, causador de um estrago devastador. Com Geisel foi perdendo um pouco do seu calibre, e no governo de Figueiredo, apesar de alguns momentos mais tensos, voltamos ao chumbinho da época do Castello. Este é meu ponto de vista, que pode contrariar muita gente, mas é o que entendo pelo muito que li e pelo que me lembro de ter vivido.

Através do Ato Institucional Nº 2 foram abolidos todos os partidos políticos existentes do país e criados os dois que persistiram até 1979, a Aliança Renovadora Nacional (Arena) e o Movimento Democrático Brasileiro (MDB), que seria uma espécie de oposição, mas sem se opor muito, porque não era o mais aconselhável.

Carlos Lacerda, que tinha ambição de se tornar presidente da república no pleito que deveria se realizar em 1965, contava com o apoio das oligarquias e de uma parte dos militares, que entendia que o golpe não fora dado para se eternizar no poder e deveria cumprir o que determinava a Constituição, além do seu fantástico e demolidor poder oratório e do excelente governo que vinha realizando no Estado da Guanabara. Mais ainda, com a cassação de Juscelino, sumia aquele que seria seu grande adversário. Mas ao ver que os militares não iriam permitir a realização de eleições, começou a atacar violentamente a revolução e Castello Branco, que por sinal nutria pelo jornalista uma grande admiração, que terminou quando Lacerda concluiu um de seus arrasadores artigos publicados na *Tribuna da Imprensa* escrevendo que "Castello era tão feio por dentro como o era por fora".

Castello, que realmente era um homem muito feio, atarracado, sem pescoço, sentiu aquele ataque pessoal, que atingia a sua aparência, como o ato definitivo para seu rompimento com Lacerda.

Em 1965 foram realizadas eleições, mas apenas para governador, em 11 Estados. Os candidatos dos militares ganharam em seis. Foi editado o AI-2, já mencionado, que permitiu a intervenção federal nos Estados e Municípios e permitiu que o Executivo legislasse através de decretos-leis.

Em janeiro de 1966 foi decretado outro Ato Institucional, o Nº 3, que estendeu a eleição indireta aos governadores e assembleias estaduais, determinando que os prefeitos fossem escolhidos pelos governadores. Ou seja, ficava tudo na mão dos militares. Eles escolhiam os governadores, como na ditadura de Vargas eram nomeados os interventores; e como os governadores é que escolheriam os prefeitos, quem escolhia todo mundo era realmente o Alto Comando.

Os movimentos de intelectuais, artistas, estudantes e grupos de sindicalistas ganharam maior intensidade e popularidade. No mesmo ano surgiu a Frente Ampla, movimento que reuniu antigos adversários políticos como Lacerda, Juscelino e Jango. Os militares de linha dura ameaçaram retirar o apoio que ainda davam a Lacerda, caso ele insistisse em manter entendimento com seus antigos inimigos políticos e contra os quais conspirara no passado. O movimento persistiu e em 28 de outubro de 1966 foi lançado um manifesto, publicado na *Tribuna da Imprensa* e assinado somente por Lacerda. Seus principais fundamentos eram a realização de eleições livres e uma profunda reforma na política partidária e econômica. Em novembro, Lacerda e Juscelino emitiram a Declaração de Lisboa, onde se comprometiam a trabalhar juntos pela redemocratização do país.

Os militares não viam a Frente com bons olhos, enquanto grupos contra a ditadura entendiam o movimento como tendo um único beneficiário, no caso Lacerda, porque tanto Jango como Juscelino se encontravam cassados de seus direitos políticos e exilados. Magalhães Pinto e Hélio Beltrão tentaram demover Lacerda da intenção de continuar a empreitada, mas ele prosseguiu. Em 24 de setembro viajou para o Uruguai, se encontrou com Jango e divulgaram uma nota em conjunto defendendo os princípios da Frente.

Foi uma convulsão geral e irrestrita, porque a linha dura perdeu de vez a paciência com Lacerda, Brizola perdeu a paciência com Jango por vê-lo ao lado de seu grande inimigo político e os parlamentares da oposição perderam a paciência com os três, por verem ali uma manobra de Lacerda para usar a Frente como o grande trunfo de sua possível candidatura nas eventuais eleições — que deveriam ter sido realizadas em 1965 —, sendo Juscelino carta fora do baralho por não ter mais direitos políticos.

A Frente ainda tentou se aproximar de estudantes, intelectuais e trabalhadores, sem grande sucesso. Corria tudo devagar, até que em abril de 1968 a Portaria 177 do ministro da Justiça terminou com o movimento. No mesmo ano, em dezembro, quem teve seus direitos políticos cassados foi Carlos Lacerda.

Diversas instituições foram duramente atingidas pelas medidas tomadas pelo governo de Castello Branco, como o Comando Geral dos Trabalhadores, a União Nacional dos

Estudantes e as Ligas Camponesas. Seus líderes foram presos, alguns foram enquadrados na Lei de Segurança Nacional e sofreram as primeiras torturas praticadas no país, respondendo aos processos policiais instaurados.

Empresas privadas também foram detonadas, sendo o caso mais conhecido o da maior empresa aérea brasileira à época, a Panair do Brasil, que teve sua licença cassada e seu patrimônio confiscado sem uma razão muita lógica, ora sendo alegados problemas financeiros, ora vantagens recebidas em virtude de sua relação com Juscelino, ora sua relação com o governo de Jango — enfim, eram muitos os aparentes motivos, mas na verdade o que se pretendia era entregar suas linhas para a empresa aérea do Rio Grande do Sul, a Varig, cujo presidente Rubem Berta era ligado ao governo e apoiara o movimento de 1964. E fim de papo.

Em 25 de julho de 1966 ocorreu o atentado no Aeroporto Internacional dos Guararapes, em Recife, contra o marechal Costa e Silva, militar mais do que linha dura e ministro da Guerra, que seria o sucessor de Castello Branco. Esse atentado marcou o início da repressão mais violenta, o começo da verdadeira guerra que se instalou entre os militares e os grupos de resistência, que receberam o nome de "guerrilheiros" ou "terroristas". E assim começou realmente o movimento armado no país.

O ano de 1966 foi marcado por várias medidas ditatoriais, sendo talvez a mais forte delas o fechamento do Congresso, que foi reaberto no começo de 1967 com a edição do AI-4, somente para se reunir e aprovar, no peito e na marra, no dia 24 de janeiro, a nova Constituição Brasileira, que mantinha as eleições indiretas, cortava ainda mais a autonomia dos Estados, mas era de grande importância no campo político porque representava certo ar de legitimidade do poder reinante para a comunidade internacional. Quando houve a medida que fechou o Congresso, o presidente da Câmara, deputado Adauto Lúcio Cardoso, manteve o plenário aberto, em clara demonstração de desafio ao regime ditatorial. Castello Branco ordenou que o Coronel Meira Mattos invadisse a Câmara e a fechasse como determinara.

No dia 5 de fevereiro de 1967 foi publicada a Lei Nº 5.250, chamada Lei da Imprensa, para regular "a liberdade de manifestação, de pensamento e de informação". Transcrevo o Artigo 1º e o Parágrafo Primeiro:

> Art 1º - É livre a manifestação do pensamento e a procura e difusão de informações ou ideias, por qualquer meio, e sem censura, respondendo cada um, nos termos da lei, pelos abusos que cometer.
>
> §1º - Não será tolerada a propaganda de guerra, subversão da ordem pública e social ou de preconceitos de raça ou classe.

Ou seja, ao citar a subversão da ordem pública e social, o primeiro parágrafo foi usado pelos órgãos de repressão para exercer absoluta censura sobre a imprensa e os que divulgavam, escreviam, falavam ou até apenas pensavam o que fosse sobre ou contra o regime militar. E muitas prisões foram realizadas em nome do tal parágrafo primeiro.

Em 13 de março de 1967, dois dias antes de deixar o poder, Castello promulgou o Decreto-Lei 314, que modificou as antigas leis de segurança nacional e as transformou no fundamento básico do Estado. O Serviço Nacional de Informações (SNI), criado em 13 de junho de 1964, absorveu o Serviço Federal de Informações e Contra-Informações (SFICI, 1958) e a Junta Coordenadora de Informações (JCI, 1959), recebendo forte influência da CIA, a agência de inteligência americana. Idealizado com a finalidade de fiscalizar as atividades de todos que fossem contrários ao regime, criava um dossiê de cada um que era usado pela repressão.

Em 15 de março tomou posse o novo presidente, o marechal Costa e Silva, representante direto da linha dura, totalmente contrário ao pensamento de Castello Branco, que planejava restabelecer a democracia. Costa e Silva era defensor ferrenho do combate à subversão. Tinha fortes ligações com o serviço de inteligência americana e, segundo muitos dos que viveram real e efetivamente o que se passou durante os anos de chumbo, foi Costa e Silva o primeiro ditador de fato e de direito, culminando sua trajetória com a promulgação do tão falado AI-5, em 13 de dezembro de 1968, estabelecendo o que alguns historiadores consideram a "verdadeira e real intervenção militar" no Brasil. Dele falaremos mais adiante, não só dele, mas de sua paixão por prisões, pelas cartas, pelo desaparecimento de opositores ao regime e pelas corridas de cavalo. Para ele era tudo a mesma coisa, não fazia diferença alguma.

Vamos deixar de lado a parte militar e falar um pouco do que ocorreu no campo econômico e social, que não foi pouco. A política econômica de Castello Branco era de responsabilidade de dois homens, aos quais mesmo os que discordam de seus princípios nunca negaram a enorme inteligência, cultura e astúcia: Roberto Campos e Otávio Gouveia de Bulhões. Apareceu uma nova moeda chamada Cruzeiro Novo, foi criada a Zona Franca de Manaus e promulgado o Código Tributário Nacional: ao contrário do que é feito hoje — quando deputados que nem sabem diferenciar imposto de taxa apresentam emendas sem pé nem cabeça, que só tumultuam a já difícil economia nacional, tendo sempre algum interesse oculto, ou dos Estados que representam ou seus próprios —, foram chamados os três maiores tributaristas do país para comandar uma equipe técnica do mais alto nível, o que resultou num código moderno, que, mesmo com as emendas que sofreu nos últimos anos, continua em vigor.

No seu governo também foram criados o Estatuto da Terra, o Banco Nacional da Habitação, o Banco Central, a Polícia Federal, a Lei de Mercado de Capitais, o Código de Mineração, a Embratur — para desenvolver o nosso turismo — e o Instituto Brasileiro de Reforma Agrária, mais conhecido como INCRA; foram unificados os diversos institutos de previdência em um único, o INPS, atualmente INSS.

As negociações com o governo do Paraguai para a construção da Usina Hidrelétrica de Itaipu também começaram no seu governo. Mas, infelizmente, como todo governante brasileiro, até os atuais, Castello investiu milhões e mais milhões de dólares provenientes do BID, do Banco Mundial, do FMI e de bancos privados internacionais, na construção de mais rodovias. Tem de haver muita safadeza e interesses escusos para só investirmos em rodovias, enquanto o resto do mundo tem orgulho de suas redes ferroviárias — ou sou muito burro ou eles são espertos demais. E tratemos de descobrir e importar petróleo para movimentar toda essa dispendiosa e ineficiente malha de transporte! A Petrobras agradece penhorada, faz mais dívidas, internas e externas, inaugura mais prédios, contrata mais pessoal do que necessita, patrocina tudo o que pode — de esportes sérios a jogo de porrinha — e assim, como diz o velho samba, "nós vamos vivendo de amor". Sem esquecer as nossas queridas e famosas empreiteiras, as de sempre, que mamam nas tetas da "Viúva" desde a construção de Brasília.

Outra medida importante surgida no governo Castello Branco foi o Fundo de Garantia por Tempo de Serviço (FGTS), que quando criado era somente para o trabalhador, mas nos últimos anos foi aumentado para que o governo pudesse faturar mais algum e arcar com as despesas de pagamento do enorme funcionalismo público, que só faz aumentar em número. É como dizia Juca Chaves: "Caixinha, obrigado!"

Tendo recém entregado o poder ao marechal Costa e Silva, Castello Branco morreu em julho de 1967, num acidente aéreo que nunca foi devidamente explicado, quando seu avião, um Piper Aztec, foi atingido por um caça T-33 da FAB. Como manifestava seu ponto de vista contra as medidas que Costa e Silva pretendia tomar — e tomou —, e como era favorável a que se realizassem eleições livres, como já mencionei, seu acidente permaneceu como um dos vários que aconteceram durante o período da ditadura militar e nunca foram esclarecidos.

Castello era um homem discreto, calmo, solitário. Viúvo, morava na Rua Nascimento Silva, em Ipanema, onde era saudado pelos moradores que o conheciam de longa data. Era educado, lia muito, era culto e apaixonado por teatro.

De 1965 até o início de 1967, fui assessor de Oscar Ornstein, relações públicas do Copacabana Palace e uma das figuras mais marcantes que conheci. Oscar tinha no seu contrato com Octávio Guinle o direito de explorar o Teatro Copacabana, e em três ocasiões — pode até ter sido mais, mas nestas três eu estava presente —, poucas horas antes do espetáculo começar aparecia um aparato de agentes, seguranças e militares, pois Castello mandara comprar um ingresso — ou dois, quando ia com sua filha Nieta — sem se fazer anunciar, sem dizer que estavam sendo comprados para o presidente. E aparecia simplesmente, se sentava na fileira do meio, sempre mais para o lado esquerdo. No intervalo, passeava pelo hall, e terminado o espetáculo se dirigia aos bastidores para cumprimentar os atores.

Não deixava que seus seguranças ingressassem no teatro. Ficavam do lado de fora. Alguns deles entravam pela porta de serviço, situada na Rua Rodolfo Dantas, e ficavam na cozinha e nos corredores que davam acesso aos camarins e ao teatro, mas não ultrapassavam esses limites, por determinação do próprio Castello Branco.

Talvez por seu amor ao teatro e seu modo simples de ser é que tenho por ele um respeito que nunca tive por nenhum outro chefe de Estado, militar ou civil. Para ir até os camarins tinha que passar pela minha sala, e me recordo perfeitamente bem de que em uma noite, como a porta estava aberta, ele entrou, olhou os cartazes que cobriam as paredes de madeira, para a pilha de programas e originais de peças que Oscar recebia constantemente de autores e produtores nacionais e internacionais, me desejou um simpático boa--noite e perguntou se estava tudo bem. Difícil de acreditar que ali estava o homem mais poderoso do país.

Um fato que não pode deixar de ser abordado é a presença americana no golpe militar de 1964, assunto de que comecei a tratar quando relatei os diversos acontecimentos internacionais que deixaram arrepiados os cabelos dos dirigentes americanos. Em 1962, no dia 30 de julho, ocorreu uma reunião na Casa Branca entre o presidente Kennedy e Lincoln Gordon, que era o embaixador americano no Brasil, na qual o presidente demonstrou estar preocupado com os rumos da política brasileira. Jango era sua maior preocupação, assim como a formação de ligas camponesas. Estavam presentes o assessor para Assuntos de Segurança Nacional, McGeorge Bundy, e o subsecretário para Assuntos Internacionais, Richard Goodwin. Durante a reunião, Kennedy demonstrou interesse em estudar como os Estados Unidos poderiam combater a influência de Jango, e o embaixador Lincoln Gordon foi autorizado a interferir diretamente na política interna brasileira.

No dia 22 de novembro de 1963, o mundo inteiro, chocado, tomou conhecimento do assassinato de Kennedy quando desfilava em carro aberto em Dallas, no Texas, assumindo o poder seu vice, Lyndon Baines Johnson, que era o presidente durante o golpe militar de 1964. Johnson cumpriu o resto do mandato de Kennedy, foi eleito presidente em 1964 e permaneceu no poder até 1969.

Documentos liberados mais recentemente indicam claramente o papel exercido pelo governo americano no movimento que culminou com a derrubada de Jango do poder. Lyndon Johnson, em conversa com o subsecretário de Estado George Ball e o secretário-assistente para a América Latina, Thomas Mann, declarou ser necessária a derrubada de Jango e enviou telegramas codificados para o embaixador Lincoln Gordon, autorizando-o a se envolver diretamente no apoio aos militares. Essa posição foi corroborada pela interferência do diretor da poderosa CIA, John McCone, pelo Secretário de Defesa, Robert McNamara e pelo Secretário de Estado Dean Rusk. Lincoln Gordon informou que Jango estava diretamente ligado e recebendo pleno apoio do Partido Comunista Brasileiro visando instalar uma ditadura do proletariado nos moldes da cubana, e pedia que fossem usados todos os meios possíveis de apoio a Castello Branco, inclusive com o envio clandestino de armas, suprimentos e combustível para o movimento que se iniciava nas Forças Armadas. Gordon sugeriu que agentes da CIA fossem enviados ao Brasil, e foi ainda mais longe, alertando que o governo americano deveria se preparar para a possibilidade de uma intervenção militar no Brasil.

Durante o golpe, o governo americano preparou uma operação militar que recebeu o codinome de "Brother Sam" e tinha como objetivo abastecer as tropas com armamentos e combustível. Deslocou para a costa do Espírito Santo o poderoso porta-aviões USS Forrestal, que devia ter mais poder de fogo do que toda a nossa força aérea e naval reunidas, escoltado por destróieres. O objetivo era entrar em ação caso tropas fiéis a Jango opusessem resistência aos militares. Pelo que a história demonstrou, gastaram combustível à toa.

Quando começaram as torturas, principalmente com o surgimento do DOI-Codi e outros órgãos de repressão, tivemos a presença de agentes americanos que trouxeram as técnicas usadas na Coreia e no Vietná e as ensinaram aos brasileiros, que as aprenderam com tal competência que, mais tarde, foram ministrar "cursos" na Argentina, no Uruguai e, principalmente, no Chile de Pinochet. Também por aqui estiveram militares franceses que eram mestres na arte de fazer falar o inimigo, e exportaram para nós os métodos aplicados na Indochina.

Agora vamos dar uma parada em tantos fatos que maculam a história de qualquer nação civilizada para colocarmos um pouco de humor, que também aconteceu durante os anos de chumbo.

Passados os primeiros dias, quando começaram as prisões e os interrogatórios, a imprensa, principalmente a ligada ao movimento militar, cunhou a famosa expressão "esquerda festiva", para denominar artistas, escritores, jornalistas e intelectuais que afirmavam suas convicções e faziam protestos veementes contra o regime militar, mas durante festas e confraternizações; clamavam contra as prisões e interrogatórios a que eram submetidos seus colegas e conhecidos que eram realmente atuantes, mas o faziam instalados nas mesas do Antonio's, do The Fox e do Florentino, sempre com um copo de uísque na mão, de preferência 12 anos. E se houvesse qualquer possibilidade de a coisa ficar preta para o seu lado, rapidamente se mandavam para Búzios ou Correias, e por lá ficavam alguns dias.

Outro fato, também relacionado aos artistas e intelectuais que tinham suas convicções esquerdistas, mas ficavam no âmbito das discussões filosóficas e em nada incomodavam aos militares, é que se sentiam diminuídos perante os colegas que estavam sendo presos para interrogatórias e esclarecimentos. Para não passarem por insignificantes perante os amigos, se "autoprendiam", isto é, sumiam durante um tempo e reapareciam depois contando que tinham sido presos e passado horas sendo interrogados pelos agentes da repressão. Ficou famoso o caso de um diretor e proprietário de um teatro, que sumiu, para depois se apresentar contando o que passara. Só que o senhor em questão foi para uma "prisão" na casa de um amigo em Cabo Frio e ficou encarcerado na praia. Quando reapareceu, na mesa do restaurante e bar Gôndola, em Copacabana, havia esquecido o seu tempo de exposição ao sol, e foi o primeiro preso político a ostentar um deslumbrante bronzeado. O fato é real, conheci a figura em questão e me lembro dele perfeitamente.

Mas chega de veleidades, porque está para entrar em cena o marechal Costa e Silva, que só usava óculos escuros, de dia e de noite, e que foi caricaturado magistralmente pelo genial Henfil.

-20-

UM MARECHAL SEM ALMA NEM PIEDADE

No dia 3 de outubro de 1966 foi eleito pelo Congresso Nacional, como "presidente da República", o marechal Arthur da Costa e Silva, com a expressiva votação de 294 votos dados pelos congressistas filiados à Arena. O MDB, que fazia oposição dentro dos limites que lhe eram permitidos, se absteve de votar. Era o candidato da linha dura das Forças Armadas, e seu governo foi marcado por atos que degradam a história de qualquer país.

Foi empossado no dia 15 de março de 1967, data em que entrou em vigor a nova Constituição que acabou com os atos institucionais baixados pelo "ex-presidente" Castello Branco. Seu objetivo primordial era consolidar o regime militar e destruir os movimentos que a ele se opunham, alguns com extrema violência, no que foi seguido por enorme competência, e eu diria até maior empenho e zelo, por seu sucessor, o general Garrastazu Médici. Informo que o nosso Costa Silva foi o primeiro de sua turma, como também o foram todos os outros presidentes-ditadores. Ou seja, a confiar no que é publicado, durante o tempo em que durou a ditadura brasileira tivemos um grupo de militares do mais alto nível cultural e intelectual.

Antes de entrarmos na verdadeira barra pesada que foi

o governo Costa e Silva, falaremos um pouco do que aconteceu no campo econômico e social. Costa e Silva foi buscar o apoio de dois tecnocratas para assumirem os ministérios que eram de importância fundamental na tentativa de frear o processo inflacionário e buscar o necessário desenvolvimento. Foram eles: para a pasta da Fazenda, o pedante dono da verdade universal, que quando abre a boca transmite a impressão mais do que nítida de que seus interlocutores são todos idiotas ou imbecis, o mais do que conhecido Delfim Netto; e para a pasta do Planejamento foi convocado o boa-praça, de conversa amena, boêmio e tocador de violão Hélio Beltrão, que mais tarde, com o Brasil já livre dos militares, foi guinado ao posto de ministro da Desburocratização, ou seja, colocaram no colo do Beltrão uma bomba maior do que a famosa do Riocentro: desburocratizar uma terra que tem a maior e mais complexa burocracia que se conhece, onde até para morrer e ser enterrado o cidadão tem que provar com firma reconhecida que está realmente morto, e mesmo assim, muitas famílias vão à loucura para enterrar o ente querido. Beltrão bem que tentou, mas foi impossível acabar com esse entrave que data de 1500.

Tentaram desenvolver um Plano de Ação Econômica de Governo (PAEG). Congelaram salários, abriram o capital para empresas estrangeiras, aumentaram a dívida externa e, seguindo a velha política do nosso JK, investiram pesado na construção de rodovias. Governante brasileiro, seja ele de direita, de esquerda, de centro, liberal ou ditador, tem pavor de ferrovias e de navegação de cabotagem como já vimos. O negócio é muita estrada, para alegria das eternas empreiteiras, dos governos estaduais e municipais e da eterna Petrobras. Quanto ao desenvolvimento do país, que se dane. E voltemos agora ao que se passou no campo político.

Acabou a Frente Ampla, movimento que contava com a participação de Juscelino, Jango e Carlos Lacerda, seu maior incentivador e que apoiara o golpe militar. A Frente, como já expliquei, ficou mais fraca porque dos três somente Lacerda ainda mantinha seus direito políticos, que foram caçados em dezembro de 1968.

Em agosto de 1967, para encher ainda mais seu peito de medalhas, Costa e Silva foi agraciado com a Grã-Cruz da Ordem Militar da Torre e Espada, do Valor, Lealdade e Mérito. Parece que ficou profundamente orgulhoso, e prometeu à Dona Iolanda que ficaria um mês sem apostar em corridas de cavalos nem jogar pôquer. Se cumpriu a promessa, nem Elio Gaspari sabe informar. E se ele não sabe, muito menos eu.

Estudantes e intelectuais começaram a se manifestar contra o regime e a opressão. O governo, por sua vez, apertou as perseguições e prisões, e essas medidas levaram ao surgimento de grupos políticos que buscaram contra os militares a solução armada, inspirados no que ocorrera na vitoriosa revolução cubana. Os três movimentos mais importantes foram a Ação Libertadora Nacional (ALN), o Movimento Revolucionário Oito de Outubro (MR-8) e a Ação Popular Marxista Leninista (APML).

Os militares não deixaram por menos. Além de todos os órgãos de repressão já existentes, criaram o Centro de Informações do Exército (CIEX), o Centro de Informações da Aeronáutica (CISA) e o Centro de Informações da Marinha (CENIMAR), além de outros de menor importância, mas que agiam com extrema violência, praticando torturas e assassinatos.

Apareceram também grupos de direita e de extrema-direita que apoiavam os militares, como o Centro de Caça aos Comunistas (CCC), o que se intitulava Tradição, Família e Propriedade (TFP) e o Movimento Anticomunista (MAC).

Em 26 de junho de 1968 ativistas de outro grupo, conhecido como Vanguarda Popular Revolucionária (VPR), atiraram uma bomba contra o quartel-general do II Exército, situado em São Paulo, matando um soldado e ferindo outros seis militares. Foi o estopim para ações mais violentas por parte das forças opressoras.

Ainda em 1968, durante uma invasão ao refeitório estudantil Calabouço, o estudante Édson Luís de Lima Souto foi morto com um tiro no peito. Outro estudante, Benedito Frazão, veio a falecer dias depois no hospital para onde fora encaminhado, bem com um funcionário do INPS que passava pelo local. O corpo do estudante Édson Luís foi levado até a Assembleia Legislativa do antigo Estado da Guanabara, onde foi velado. O fato causou comoção nacional, com manifestações contra os militares em todo o país pedindo a redemocratização imediata, sendo a mais importante de todas a Passeata dos Cem Mil, ocorrida no Rio de Janeiro.

Em agosto de 1968, em violento e brilhante discurso, o deputado Márcio Moreira Alves solicitou às moças que se recusassem a dançar com cadetes. O governo pediu ao Congresso autorização para processar o deputado, o pedido foi negado, os militares perderam a paciência de vez e Costa Silva convocou o Conselho de Segurança Nacional. No dia 13 de dezembro de 1968 editou o famigerado AI-5, que dava ao presidente direito de fechar o Congresso, cassar políticos e limitar o direito ao habeas corpus, enfim, tornava a repressão devidamente institucionalizada. Só a tortura e as mortes é que continuaram por baixo dos panos, nos chamados "porões da ditadura".

Em maio de 1969, Costa Silva anunciou que iria nomear uma comissão de juristas para elaborar uma reforma, com o término do AI-5 e retornando à Constituição de 1967, elaborada durante o governo de Castello Branco e promulgada na sua posse. Pretendia assiná-la no dia 7 de setembro, mas pouco antes sofreu um derrame cerebral.

Mais uma vez, a ilegalidade imperou, e os militares não deram posse ao vice-presidente Pedro Aleixo. Foi criada uma Junta Militar formada pelos ministros do Exército, Aurélio de Lira Tavares, da Marinha, Augusto Rademaker, e da Aeronáutica, Márcio Melo, e promulgada a Emenda Constitucional Nº 1, que ficou conhecida como a Constituição de 1969. Os donos do poder indicaram para novo "presidente" o ex-chefe do Serviço Nacional de Informações, general Emílio Garrastazu Médici.

Médici conseguiu transformar os anos de chumbo em anos infernais, quando a perseguição, as torturas, as mortes não esclarecidas de políticos, estudantes e ativistas e o desrespeito e violação aos princípios de direito internacional atingiram um ápice. A censura agiu como nunca, mas o povo via a banda passar, graças a uma espetacular campanha institucional de propaganda, digna do DIP de Getúlio, em que o lado populista do ditador imprimiu sua personalidade, e do grande gancho que foi a vitória do Brasil na Copa do Mundo realizada no México, em 1970.

Antes de enfrentar o general Médici, trataremos de uma das tramas mais graves, que, se levada a cabo, teria resultado numa carnificina sem precedentes, talvez somente comparada aos atentados de 11 de setembro nos Estados Unidos, surgida dentro do Para-Sar, esquadrão da Aeronáutica especializado em operações de resgate e sobrevivência na selva. Treze de seus integrantes — entre eles o capitão Sérgio Ribeiro Miranda de Carvalho, um dos mais brilhantes oficiais do Para-Sar — foram trazidos para o Rio de Janeiro, e na Escola de Comunicações do Exército formaram um grupo de elite junto com soldados da Polícia Militar, do Exército e agentes do DOPS. À paisana, sem fardas ou qualquer outra coisa que os destacasse, se misturavam às manifestações e passeatas para identificar os participantes, que apontavam para os agentes de repressão; também invadiam prédios onde pudessem estar os chamados "terroristas".

O capitão Sérgio se reuniu com o brigadeiro Labarthe Lebre, comandante da Escola de Aeronáutica do Campo dos Afonsos, e demonstrou sua insatisfação com o uso de uma tropa de elite em operações ilegais e contrárias aos princípios básicos de democracia e civilidade. Lebre, rápido como seu nome, disse a Sérgio para esquecer o que ouvira, e prometeu que reportaria seu ponto de vista ao brigadeiro João Paulo Burnier, encarregado da seção de informação do Ministério da Aeronáutica e que é apontado como o pai da ideia.

Algum tempo depois Burnier chamou Sérgio para

uma reunião no dia 12 de junho de 1968, onde o convenceu de que seria um ato de patriotismo lutar contra a "corja comunista" e participar do movimento, que consistiria de atentados que seriam atribuídos a grupos da esquerda, objetivando o extermínio total de qualquer foco de resistência ao regime em vigor, e com amplo apoio da opinião pública. De acordo com os depoimentos e denúncias feitas pelo capitão, os primeiros alvos de explosões seriam a Sears, o Citibank e a Embaixada dos Estados Unidos. A seguir, viriam os atentados maiores: a explosão da Represa de Ribeirão das Lajes, entre Rio Claro e Piraí, RJ, e do Gasômetro de São Cristóvão, no Rio de Janeiro. A explosão da represa pretendia provocar uma inundação e deixar a população por ela abastecida totalmente sem água. Já a ideia de explodir o Gasômetro só poderia partir de uma cabeça doentia, lógico que com o irrestrito apoio de autoridades que lhe eram superiores, porque fica difícil engolir que Burnier tivesse esse absurdo poder de decisão.

A explosão deveria ser realizada às 18h00, hora de maior movimento nas vias que o circundam, para causar o maior número de vítimas possível. No período que se seguisse aos atentados, com o caos instalado no Brasil, 40 personalidades seriam assassinadas; ou sequestradas, embarcadas num C-47, que seria pilotado pelo próprio Burnier, e atiradas ao mar a 40 quilômetros da costa — um método de assassinato que viria a ser usado com grande liberalidade pelo regime ditatorial argentino e pela Operação Condor. Entre os que seriam assassinados imediatamente figuravam Carlos Lacerda, Juscelino, Dom Hélder Câmara e o general Olympio Mourão Filho, uma das cabeças da revolução, mas que se opunha ao que ela se tornara.

Sérgio se insurgiu contra o projeto, que classificou como uma aberração, chegando a perguntar ao brigadeiro se ele estava falando sério.

A reunião convocada por Burnier para informar o Para-sar de suas missões ocorreu no dia 14 de junho, no prédio do Ministério da Aeronáutica. Quatro oficiais, sendo um major, dois capitães e um tenente, manifestaram sua total aprovação ao plano do brigadeiro, enquanto Sérgio reagiu de modo oposto, mantendo sua posição e qualificando o plano como "imoral, inadmissível para um militar de carreira". Foi mais longe: afirmou que enquanto ele estivesse vivo isso não aconteceria no país. Furioso, Burnier terminou a reunião e se retirou. Sérgio seguiu diretamente para o gabinete do ministro da Aeronáutica, Márcio de Souza Mello.

O que se seguiu mais parece o desenrolar de uma novela macabra. Sérgio não conseguiu falar com o ministro. Procurou o brigadeiro Délio Jardim de Mattos, de quem fora assessor. Acreditando em Sérgio, o brigadeiro considerou o caso de tal gravidade que deveria ser levado ao mais importante militar da força aérea, o brigadeiro Eduardo Gomes. Sérgio, em companhia de outros oficiais, se reuniu com Eduardo Gomes, que depois de ouvir os relatos aconselhou que fosse aberta uma sindicância imediatamente, cabendo a direção ao Major-brigadeiro Itamar Rocha.

Rocha ouviu o depoimento de 41 das testemunhas presentes ao encontro com Burnier, das quais 37 confirmaram o que fora relatado por Sérgio. Os quatro que haviam apoiado Burnier negaram tudo. A Aeronáutica tinha, agora sim, uma verdadeira bomba nas mãos. Como sempre acontece, falou mais alto a patente de Burnier. O capitão foi transferido para Recife, e seu maior aliado no Para-Sar, o oficial médico Rubens Marques Santos, enviado para Manaus, lugar de clima mais do que ameno e agradável.

Burnier abriu ainda uma sindicância paralela na qual foram rasgados testemunhos de oficiais que antes haviam confirmado as declarações de Sérgio; outros, por pressão, mudaram seus depoimentos. O ministro Márcio de Souza Mello tomou o partido de Burnier, e nunca foi aberto um inquérito militar oficial, prevalecendo o jogo de interesses. Burnier sempre negou ter dito tamanhas sandices, afirmou que nunca passara por sua cabeça a execução de atos criminosos. Sérgio foi preso por insubordinação, acusado de deturpar as palavras de Burnier, ficando encarcerado por 25 dias.

Os fatos foram comunicados ao "presidente" Costa e Silva e novas sindicâncias foram abertas. Nenhuma chegou a qualquer conclusão, porque a conclusão seria profundamente constrangedora para a Aeronáutica. No dia 1º de outubro, o deputado do MDB Maurílio Ferreira Lima levou o fato ao conhecimento da Câmara, em contundente discurso. O jornal *Correio da Manhã* publicou uma matéria sob o assunto, que recebeu do gabinete institucional uma resposta que não dizia nada, e tudo encobria. O jornalista Pery Cotta, que abordara o caso em uma reportagem intitulada "Operação Mata-Estudante", foi preso e condenado.

Em 1969, com a promulgação do AI-5, o capitão Sérgio foi reformado e processado por falsidade ideológica, tendo sido absolvido, tanto em primeira instância quanto no Superior Tribunal Militar, neste por quinze votos a favor e nenhum contra. Mas, ainda assim, sua reforma nunca foi revista.

Acalmado o escândalo, o brigadeiro Burnier continuou à frente das operações secretas da Aeronáutica. No governo Médici ganhou de presente o comando da 3ª Zona Aérea, que incluía a Base Aérea do Galeão, e envolveu-se com o caso da tortura e assassinato de Stuart Angel Jones, filho da estilista Zuzu Angel. A pressão popular aumentou, o ministro Márcio de Souza Mello foi exonerado do cargo e seu sucessor transferiu Burnier para uma função meramente burocrática. Afastado da lista de promoções em 1972, Burnier foi obrigado a se reformar, sendo que até o fim de sua continuou negando todas as acusações que lhe haviam sido imputadas.

O ex-ministro Souza Mello, aliado de Burnier de todas as horas, declarou ironicamente ao brilhante jornalista Zuenir Ventura que no caso estava em jogo "a palavra de cabos e sargentos contra a de oficiais". Digo que foi irônico, porque, das 37 testemunhas que haviam confirmado a denúncia de Sérgio, ele mesmo capitão, quase todos eram oficiais.

Em 1985 a Assembleia Legislativa do Estado do Rio de Janeiro homenageou Sérgio com o título de "Cidadão Benemérito". Em 1992, o Supremo Tribunal Federal reconheceu seus direitos, determinando que deveria ser promovido a brigadeiro. O então ministro da Aeronáutica, brigadeiro Lélio Lobo, ignorou solenemente a decisão da mais alta corte do país e transferiu seu cumprimento ao presidente Itamar Franco, que foi empurrando a decisão com a barriga. Sérgio faleceu vítima de câncer em 1994, sem ver os seus direitos reconhecidos. Somente em 1997 sua família foi indenizada, inclusive com direito aos valores retroativos relativos ao soldo de brigadeiro.

E com este relato, repleto de controvérsias, encerro o capítulo do nosso brilhante primeiro aluno, o marechal Arthur da Costa e Silva, prestando minha humilde homenagem a Sérgio Ribeiro Miranda de Carvalho, um brasileiro digno.

-21-

O "MILAGRE BRASILEIRO" E UM
GENERAL POPULISTA, MAU FEITO PICA-PAU

Além de ser mau feito pica-pau (sei lá de onde vem esta expressão), o general em questão era um tremendo cara de pau (desta, sim, eu conheço a origem). O alto comando da Forças Armadas já determinara que ele seria o "presidente" da república, indicado pela Junta Militar que governava o país provisoriamente. Mas para dar aos brasileiros e à comunidade internacional uma fachada de democracia, Médici determinou que o Congresso fosse reaberto para conferir à sua eleição indireta, e mais do que imposta, certo cunho de legalidade. Foi eleito presidente em 25 de outubro de 1969, com 293 votos a favor e 75 abstenções. Tomou posse no dia 30 de outubro, e prometeu de pés juntos que a democracia seria restabelecida ao final do seu governo. Teve gente que acreditou!

Concomitantemente, entrou em vigor a Emenda Constitucional Nº 1, que ficou conhecida como a Constituição de 1969, muito democrática, incorporando todas as medidas implantadas pelo famigerado AI-5.

A repressão nunca foi tão dura, tão violenta, a censura tão ativa. A criação intelectual sofreu um retrocesso, porque nenhum escritor, autor, poeta, pintor, compositor, enfim, nenhum artista consegue criar tendo ao seu lado, de olho no que está fazendo, um oficial das Forças Armadas pronto a rasgar e a destruir sua obra, destruindo assim sua capacidade de sonhar, de imaginar realidades. A tortura dos presos políticos era praticada em todos os setores da repressão e por todas as armas que formam a Defesa Nacional.

Os movimentos contrários à ditadura intensificaram suas ações, tanto no campo como nas cidades; a guerrilha urbana incrementou os assaltos a banco, os atentados contra edificações militares, os sequestros de aviões e de diplomatas. Foram duramente combatidos os principais focos de guerrilhas rural, no Vale do Ribeira, em São Paulo, e ao longo do Rio Araguaia, no Pará. Com a criação da Operação Bandeirantes (OBAN), em São Paulo, o governo aprimorou mais ainda a sua máquina de repressão, que passou a se chamar Comando de Operações de Defesa Interna (CODI) e coordenava todas as atividades dos Departamentos de Operação e Informações (DOIs), com a cooperação mais do que efetiva e truculenta do CIEX, da CISA e do CENIMAR, já devidamente citados no capítulo anterior.

A guerrilha rural foi completamente aniquilada no governo de Médici, e a urbana ficou muito reduzida. Foram presos, exilados e assassinados os principais líderes, sendo o mais conhecido Carlos Marighella, que até virou filme.

As denúncias de torturas e assassinatos criaram um problema político para o governo brasileiro perante a comunidade internacional, mas a fantástica máquina de propaganda do regime atribuía tudo o que ocorria à campanha difamatória da esquerda comunista. Em tempo: gostaria de salientar que durante seu governo, ao contrário de seus antecessores, Castello Branco e Costa Silva, e de seu sucessor, Ernesto Geisel, Médici não cassou o mandato de nenhum político. Seu verbo favorito não era "cassar", mas sim "caçar".

Agora vamos entrar no chamado "milagre brasileiro", que também tem tudo a ver com a aludida máquina de propaganda brasileira e com o lado populista do ditador mau feito pica-pau. Os ministros mais importantes de seu governo foram o arrogante Delfim Netto, que mandava e desmandava na economia, e José Leitão de Abreu, o coordenador político.

Durante esse período foram realizadas duas eleições, sempre com o partido da ditadura, a Arena, obtendo uma vitória esmagadora. No ano de 1970, por exemplo, fez 19 senadores contra três do MDB, partido de "oposição". A municipalização, esse cancro que ainda persiste no Brasil, teve início no governo Médici, com a criação de municípios que nada mais eram — e continuam sendo — currais eleitorais, que não arrecadam nem para pagar a folha de pagamento dos prefeitos e de seus secretários, e que para sobreviver dependem do que lhes é repassado pelos Estados e pela União. Resumindo, é o contribuinte que mantém esse universo de mais de 5 mil municípios que surgiu na ditadura e pulula por todo o território nacional.

Em 1972, nas eleições para prefeito e vereador, só deu Arena, não só pela força de seus caciques políticos, mas devido às medidas assistencialistas e à famosa máquina de propaganda. Milhões de cruzeiros foram gastos em uma divulgação infernal, maciça, dirigida às classes menos preparadas, com o uso de *slogans* que descreviam o crescimento como resultado direto de um regime ousado e moderno — que seria o dos militares —, sendo o mais conhecido o "Brasil, ame-o ou deixe-o".

A vitória do Brasil na Copa do Mundo de 1970 foi altamente explorada pela máquina governamental, principalmente porque Médici era um fã ardoroso de futebol, sempre comparecendo aos estádios, assistindo os jogos de seus times preferidos — Grêmio e Flamengo —, e escutando os comentários num radinho de pilha, do tipo bem popular. Posso garantir que os comentários de João Saldanha, de quem tinha ódio, ele não ouvia, e só sossegou quando a cúpula do futebol brasileiro, repleta de militares, conseguiu tirar João Sem Medo do comando da seleção, que foi entregue a Zagallo, que fez tudo certo... e tudo que os oficiais decidiram. Contam, e não é lenda, que o ditador acertou em cheio o placar do último jogo, quando a maravilhosa seleção brasileira derrotou a Itália por 4x1.

Médici fez senador, líder da Arena e presidente do Congresso o nosso velho conhecido Filinto Müller, ex-chefe de polícia de Vargas durante o Estado Novo, cujos feitos descrevemos com muito carinho e respeito no capítulo intitulado "O Grande Ditador". Precisa dizer mais alguma coisa?

No campo econômico, ocorreu um crescimento da economia. Houve uma expressiva elevação do PIB, expansão industrial e certo controle da inflação, se bem que, segundo vários analistas e economistas, houve vários dados manipulados. E como a imprensa estava sob a mais rigorosa censura, os dados oficiais de crescimento da economia não podiam nem de leve ser contestados.

Em outubro de 1970, o Brasil obteve do Banco Interamericano de Desenvolvimento (BID) o maior empréstimo jamais concedido a um país da América Latina. Nosso território ficou ainda maior com a expansão do limite de água territoriais para duzentas milhas. Foi criado o Instituto Nacional de Colonização e Reforma Agrária (INCRA), lançado oficialmente o Movimento Brasileiro de Alfabetização (MOBRAL) e criado um ousado Programa de Metas e Base para Ação do Governo, um mega plano de mais de duzentos projetos, todos fundamentais para o nosso desenvolvimento. Foi institucionalizado o Projeto Rondon, projeto com a participação de universitários que objetiva a melhoria da qualidade de vida na Amazônia, mas que caiu no esquecimento, sendo reativado apenas em janeiro de 2005; foi aprovado o Estatuto do Índio e lançado o Plano de Integração Nacional, com a construção das rodovias Transamazônica, Cuiabá-Santarém e Manaus-Porto Velho — que mais uma vez fizeram a alegria das empreiteiras de sempre, sendo o resultado dessa empreitada de conhecimento de qualquer brasileiro que saiba ler — isto é, a minoria.

Outros programas desse governo foram o Plano de Integração Social e o Programa de Assistência Rural (PRORU-

RAL). Ainda como parte do chamado "milagre brasileiro" foi inaugurada a refinaria de petróleo de Paulínia, em São Paulo, a maior do Brasil. Em 1973 foi assinado um acordo com a Bolívia para a construção de um gasoduto entre Paulínia e Santa Cruz de la Sierra, e outro com o Paraguai para a construção da Usina Hidrelétrica de Itaipu. Em 1974 foi inaugurada a maior usina hidrelétrica da América do Sul, na Ilha Solteira, em São Paulo — concluída somente em 1978 — e também a ponte Presidente Costa e Silva, ligando o Rio de Janeiro a Niterói: o milagre colocava em grande evidência o sempre presente Delfim Netto e Mário Andreazza, ministros dos Transportes.

Ah, e eu ia me esquecendo, em 1972 passamos a ter televisão em cores, e esse milagre todo, além do mais, era divulgado em matérias vibrantes, amplas e coloridas na revista *Manchete*.

Até que de acordo com os padrões brasileiros, se Médici tivesse sido eleito pela vontade popular, seu governo seria aceitável, isto é, caso não tivessem ocorrido tantos voos do Burnier, se Stuart Angel Jones não tivesse desaparecido e com ele centenas de outras pessoas que não rezavam pela cartilha da ditadura. Para não ficar com toda a responsabilidade pelas atrocidades cometidas, Médici deixou de presente para seu sucessor, o general Ernesto Geisel, o jornalista Vladimir Herzog.

E com a saída do general mau feito pica-pau, assume o poder, em 15 de março de 1974, o sempre carrancudo Ernesto Beckmann Geisel.

-22-

O velho "pastor alemão":
um general que nunca sorriu

Filho de emigrantes alemães, Ernesto Beckmann Geisel era um guardião de seus princípios políticos, sempre com o semblante fechado, um verdadeiro pastor alemão — apelido que, convenhamos, foi muito bem bolado. Como os seus antecessores, também foi primeiro de sua turma. Durante o governo de Castello Branco foi chefe da Casa Militar. Fazia parte do grupo de generais conhecidos como "castelistas" e que eram contrários à candidatura do marechal Costa e Silva, por eles considerado um extremista, sem condições nem interesse em levar o Brasil ao processo de redemocratização.

Durante o governo do nosso marechal sem alma e sem coração, Geisel ficou meio no ostracismo. Atuou mais como ministro do Superior Tribunal Militar, mas era sempre respeitado e ouvido pelos generais, que o consideravam um oficial lúcido, de importância fundamental na busca de um equilíbrio entre os que desejavam uma abertura gradativa em direção ao retorno da democracia e os que queriam se perpetuar no poder. Durante o governo do general Médici, Geisel foi indicado para a presidência da Petrobras, e seu irmão Orlando Geisel tomou posse como ministro do Exército, fato que muitos historiadores consideram fundamental para sua indicação como sucessor de Médici.

Como candidato da Arena, Geisel foi eleito com 400 votos contra os 76 de seu opositor, Ulysses Guimarães. Tomou posse em 15 de março de 1974.

A marca de seu governo foi o que ele mesmo chamava de "distensão lenta, gradual e segura com vistas à reimplantação do sistema democrático no país". Iniciava-se uma liberação de direitos políticos no Brasil, lenta e gradual, como bem afirmou o general. Mas, de fato, começou a surgir alguma luz no fim do túnel.

Em 1974 foi autorizada a propaganda eleitoral, proibida desde a implantação do famigerado AI-5. E na eleição que se seguiu para a Câmara e para o Senado, os candidatos do MDB conseguiram maioria em quase todos os Estados, ficando a bancada da oposição mais forte que a da Arena. A imprensa obteve algum alívio com o fim da censura prévia, que havia começado contra *O Estado de S. Paulo* e progressivamente se estendera a todos os demais órgãos de comunicação, com exceção dos que rezavam pela cartilha dos órgãos de segurança.

As novas medidas desagradavam profundamente à chamada linha dura da ditadura, que não via com bons olhos essa postura de Geisel. Por isso houve importante repressão contra organizações clandestinas que lutavam pelo retorno amplo e irrestrito da democracia. Em 1975, depois de ter sido torturado nas dependências do DOI-Codi de São Paulo, morreu por enforcamento o jornalista Vladimir Herzog, inaugurando uma modalidade de suicídio até então inteiramente desconhecida da criminologia mundial: sem a participação do "suicidado". O mesmo ocorreu logo em seguida com o operário Manuel Fiel Filho, nas mesmas dependências e nas mesmas circunstâncias, o que corroborava a impressão de que uma parte importante dos militares e dos órgãos de repressão não aceitavam o abrandamento político do general-presidente.

As relações entre militares e clérigos também foram se deteriorando, sendo os fatos mais marcantes o sequestro do

padre Adriano Hipólito, Bispo de Nova Iguaçu, Rio de Janeiro, e o assassinato do padre João Bosco Burnier em Goiânia,
após ser baleado em Mato Grosso, estando ambos envolvidos
com movimentos populares e com a prática de catequização
política em núcleos urbanos e rurais.

Entre 1976 e 1977, num espaço de menos de nove
meses, morreram os três civis que mais incomodavam os militares de "linha dura", líderes da Frente Ampla — uma série
de óbitos que deixou dúvidas, gerou inúmeras versões e cuja
explicação até hoje permanece nebulosa.

Começou pela morte de Juscelino Kubitschek em 22
de agosto de 1976, quando seu carro colidiu com uma car-
reta no quilômetro 165 da Rodovia Presidente Dutra, fale-
cendo também seu motorista e amigo de longa data, Geraldo
Ribeiro, uma morte que muitos consideram suspeita. Em
1996, o corpo de Geraldo Ribeiro foi exumado numa tentativa esclarecimento, mas o laudo oficial, contestado por Serafim Jardim, secretário particular de JK, estabeleceu que tudo
não passara de um mero acidente automobilístico. Em 2001
a Câmara dos Deputados criou uma comissão para averiguar,
mais uma vez, as circunstâncias envolvendo o acidente, mas
concluiu que não se conseguiu "encontrar um argumento
sólido, balizado, lógico e técnico que possa apoiar a tese de
assassinato". Em 2012, a Comissão Nacional da Verdade Vladimir Herzog, da cidade de São Paulo, declarou que era evi-
dente que o ex-presidente sofrera um atentado que provocara
sua morte. São versões diferentes, que ficarão para sempre
no imaginário brasileiro, junto às do falecimento por ataque
cardíaco do também ex-presidente João Goulart, ocorrida
em 06 de dezembro de 1976 no município de Mercedes, na
Argentina.

As especulações relativas ao enfarte de Jango são mais
ambiciosas e mais complexas: familiares, amigos e colegas políticos afirmam que ele foi assassinado por agentes da Operação Condor. Em agosto de 2008, o jornal *Folha de S. Paulo*
publicou o depoimento de um ex-agente do serviço de in-

teligência do Uruguai, que havia participado da Operação Condor e declarou que Jango fora envenenado por ordem expressa do então delegado do Departamento de Ordem Política e Social (DOPS), Sérgio Fleury. O assunto foi tema de diversas matérias, como a da revista *Carta Capital* em 2009, objeto de investigação de uma comissão criada pela Câmara Municipal de Porto Alegre e de um exaustivo trabalho do pesquisador e historiador Luiz Alberto Moniz Bandeira. Moniz Bandeira descreve os problemas cardíacos de Jango, que havia inclusive desmaiado em cerimônia oficial na Cidade do México, o pouco caso com que encarava as recomendações médicas e sua fama de ótimo garfo.

Do governo da Argentina e do Uruguai também vieram informações, tendo suas ditaduras, juntamente com o Brasil e mais tarde o Chile, participado da Operação Condor. Em 2011 o assunto voltou a ser tratado pela justiça argentina e, no final do ano de 2013 a Comissão Nacional da Verdade conseguiu autorização para exumar e fazer uma análise técnica dos restos mortais de Goulart. Tal como ocorrera com Juscelino, não houve nenhuma conclusão.

Já em 1977, no dia 21 de maio, Carlos Lacerda, que completara 63 anos em abril, faleceu no Rio de Janeiro devido a um "infarto do miocárdio", que alguns descrevem como uma "forte gripe". Lacerda não se sentiu bem, e por volta de uma da tarde foi internado numa clínica na Zona Sul do Rio de Janeiro. Os médicos constataram que sofrera um desequilíbrio passageiro no coração, e para maior tranquilidade deveria passar a noite no hospital. Os familiares poderiam voltar para suas residências. Por volta das 7h30 foram chamados e informados de que seu estado havia piorado. Quando chegaram à clinica, o grande orador estava morto.

Somando dois mais dois, alguns estudiosos acabaram enxergando um suposto relacionamento entre os três falecimentos.

Em 1º de julho de 1976 foi promulgada a Lei nº 6.339, que ficou conhecida como Lei Falcão. Armando Falcão era o ministro da Justiça, e entrou para História por conta de sua resposta mais do que repetitiva a qualquer pergunta que lhe fosse formulada por jornalistas: "Nada a declarar".

A Lei Falcão estabelecia que os candidatos à próxima eleição não poderiam anunciar seus programas nem falar deles. O Horário Eleitoral Gratuito seria um programa ascético, sem imagens, sem música, sem animações. Somente seria permitido que se lesse em voz alta e pausada o currículo do candidato, como se se tratasse de uma missa sacra. O objetivo era esvaziar completamente qualquer interesse pelas eleições, para evitar que se repetisse a vitória da "oposição" (MDB) nas eleições de 1974.

Em 1977 o Congresso foi fechado por um período de 14 dias em retaliação à não aprovação de reforma do Poder Judiciário. Logo em seguida, no dia 13, foi lançado o "Pacote de Abril", que apresentava algumas alterações na Constituição, razão pela qual a imprensa, de modo irônico, passou a se referir a ele como a "Constituinte do Alvorada". Mantinha as eleições indiretas para governador e instituía a eleição indireta para um terço dos membros do Senado, resultando na criação da figura do "senador biônico"; o Pacote ampliou as restrições contidas na Lei Falcão, alterou o mandato do sucessor de Geisel de cinco para seis anos e cometeu o disparate de aumentar o número de representantes dos Estados menos populosos e de menor poder social no Congresso Nacional.

Em outubro de 1977 foi exonerado o ministro do Exército, general Sylvio Frota, que era candidato à sucessão de Geisel e tinha o apoio dos militares "linha dura".

Em maio de 1978 houve a primeira greve dos metalúrgicos no ABC, em São Bernardo do Campo. O presidente do sindicato era Luiz Inácio da Silva, o Lula, que viria a ser presidente no futuro. Em 31 de dezembro o AI-5 foi revogado, um passo fundamental para o processo de redemocratização que viria a ocorrer no governo do general Figueiredo.

Falaremos agora do que ocorreu no campo social, econômico e financeiro, das obras e realizações do governo de Geisel. Sua política era baseada no binômio "desenvolvimento e segurança", formulado em grande parte na Escola Superior de Guerra. Foi elaborado um sofisticado II Plano Nacional de Desenvolvimento — PND —, que tinha como objetivo primordial o mesmo que todos os presidentes e ditadores brasileiros no decorrer da História sempre pretenderam e afirmaram em suas promessas da campanha: crescimento econômico e diminuição da inflação. O comando foi entregue ao ministro da Fazenda, Mário Henrique Simonsen, e o Plano fracassou quase por completo.

Mais estradas foram abertas — vocês já devem estar mais do saturados dessa minha implicância com as malditas rodovias, mas que estou coberto de razão, isso estou. Houve entendimentos com a Alemanha Ocidental para a implantação e desenvolvimento de acordos nucleares, principalmente com vistas à usina nuclear de Angra dos Reis, cuja obra começara em 1972, mas que devido a diversos problemas somente entrou em funcionamento em 1985; a Usina Hidrelétrica de Itaipu teve sua construção iniciada em janeiro de 1975, mas a primeira unidade geradora entrou em operação apenas em maio de 1984, quando era presidente o general Figueiredo.

Durante o governo de Geisel ocorreu a divisão do Estado de Mato Grosso, foram reatadas as relações diplomáticas com a República Popular da China e estabelecidas embaixadas em Angola, Moçambique e Guiné Equatorial. O Brasil foi o primeiro país a reconhecer o governo português estabelecido após a queda do regime salazarista, com a Revolução dos Cravos, em 25 de abril de 1974. Geisel se afastou do alinhamento com os Estados Unidos, que sempre existira, e procurou aumentar as relações comerciais com países da África, Ásia e Europa, na Europa principalmente com a Alemanha Ocidental.

Voltando ao II PND, o principal fator a contribuir para o seu fracasso foi a crise internacional do petróleo, que jogou o preço do barril para a estratosfera. Uma das metas do Plano era a busca de meios alternativos de energia, tendo sido os atos mais marcantes o lançamento em 1975 do Programa Nacional do Álcool (Proálcool), os acordos nucleares assinados com a Alemanha e a adoção de contratos de risco entre a Petrobras e empresas petrolíferas estrangeiras para a prospecção de petróleo no território nacional. Mas nada resistiu à crise internacional, que desequilibrou completamente a balança de pagamentos. A dívida externa aumentou exponencialmente e a inflação não foi contida.

A pior decisão do general foi editar a Lei Complementar Nº 20, em 1º de julho de 1974, que fundiu o Estado da Guanabara, a próspera cidade-estado, ao Estado do Rio de Janeiro, efetivada em 15 de março de 1975. O Rio de Janeiro, que muito perdera e nada recebera do que lhe era devido por conta da transferência da capital para o Reino da Fantasia, ainda mantinha um padrão de vida elevado, graças principalmente à dupla arrecadação por ser Estado e município ao mesmo tempo. Tinha uma alta renda per capita, mas, de um dia para o outro, sem que seus moradores fossem ouvidos em plebiscito, foi-lhe imposto um Estado populoso e carente que lhe trouxe problemas sérios e uma migração desenfreada. A Cidade Maravilhosa começou a desmoronar quando os militares a incluíram no Estado do Rio de Janeiro e colocaram como seu primeiro governador ninguém mais, ninguém menos que um colega de farda, o almirante Floriano Peixoto Faria Lima. A cidade-estado foi descendo ladeira abaixo, e como gostamos de brincar com as eleições e parecemos ter o dom de escolher sempre o que há de pior, quando tivemos a possibilidade de eleger novamente o nosso governador entregamos o comando do Estado ao caudilho gaúcho Leonel Brizola, que acabou de vez com aquilo que os militares haviam começado.

-23-

João Baptista de Oliveira Figueiredo, o General Ray-Ban

Um especialista em informação e contrainformação, o general Figueiredo foi chefe da agência do Serviço Nacional de Informações (SNI) no Rio de Janeiro e comandou a Força Pública do Estado de São Paulo; foi chefe do Gabinete Militar durante o governo Médici e ministro-chefe do SNI no governo Geisel, que o indicou para sucedê-lo. Tendo Aureliano Chaves como vice de sua chapa nas eleições indiretas de 1978, Figueiredo derrotou o candidato do MDB, general Euler Bentes Monteiro. Tomou posse em 15 de março de 1979 e ficou no poder até 15 de março de 1985.

A marca mais profunda de seu governo foi a abertura política: a anistia ampla e irrestrita, o movimento Diretas Já, e, finalmente, a eleição indireta em que o candidato da oposição, Tancredo Neves, foi eleito presidente. Foi o fim da ditadura militar.

Figueiredo terminou com o bipartidarismo. O Partido Democrático Social (PDS) sucedeu à Arena, e o Partido do Movimento Democrático Brasileiro (PMDB) surgiu como sucessor do MDB. Novos partidos foram criados, como o Partido Trabalhista Brasileiro (PTB), o Partido Democrático Trabalhista (PDT), o Partido dos Trabalhadores (PT) e o Partido Popular (PP).

Mas os militares da chamada "linha dura" não aceitavam o novo rumo dos acontecimentos, e houve alguns atentados no governo Figueiredo — partindo de setores da direita mais radical, que tentou responsabilizar a esquerda e os últimos revolucionários, buscando o retorno da ditadura total e absoluta que outrora imperara no Brasil. De acordo com os órgãos de segurança, foram 25 os atentados registrados, todos sem vítimas, a maioria consistindo de explosão de bancas onde eram vendidos os jornais mais liberais e de tendências socialistas. Em 27 e 28 de agosto de 1980 a situação se tornou bem mais séria: foram enviadas duas cartas-bomba, uma ao vereador do Rio de Janeiro Antônio Carlos de Carvalho, do PMDB, e a outra ao presidente da Ordem dos Advogados do Brasil, Eduardo Seabra Fagundes. O chefe de gabinete do vereador ficou gravemente ferido, e a secretária da OAB, Lyda Monteiro da Silva, faleceu no atentado.

O atentado mais grave, que se completado causaria centenas de mortos, foi o que quase ocorreu no dia 30 de abril de 1981, durante o grande show de música popular organizado pelo Centro Brasil Democrático no Riocentro, na Barra da Tijuca, Rio de Janeiro. O show era para comemorar o Dia do Trabalho e também para pedir eleições diretas e o fim da ditadura.

O capitão Wilson Luís Machado e o sargento Guilherme Pereira do Rosário estavam em um Puma no estacionamento do Riocentro, e Rosário levava no colo uma bomba, como se fosse um gentil cachorrinho. Ambos eram membros do DOI-Codi do I Exército. Por descuido, imperícia ou qualquer outro motivo, a bomba explodiu, o sargento morreu e o capitão ficou gravemente ferido, tendo sido operado no Hospital Miguel Couto com todo o I Exército em estado de alerta máximo. Outras duas bombas foram encontradas no carro semidestruído.

Só os militares da extrema direita e de linha dura é que não admitiram a hipótese de que as vítimas eram os verdadeiros terroristas. Mas ficou tudo muito complicado. O general

Gentil Marcondes, comandante do I Exército, divulgou nota informando que os dois estavam cumprindo "missão de rotina", só deixando de explicar o que faziam as bombas na missão e na rotina.

E tudo meio que acabou em pizza, bem ao nosso estilo. Não foram tomadas medidas contra os militares "linha dura", que, como já dito, não aceitavam a abertura que do governo Figueiredo. O I Exército realizou um inquérito próprio, de cartas marcadas, e concluiu que os dois haviam sido "vítimas de uma armadilha ardilosamente colocada no carro do capitão" — imaginação digna do criador de James Bond.

O governo declarou que não tinha a mais pálida ideia do que tinha acontecido. E em 6 de agosto, contrariado com a não punição dos autores do atentado, o inteligente e astucioso general Golbery do Couto e Silva, considerado historicamente o "arquiteto" do processo de abertura e retorno pleno à democracia, se demitiu do cargo de chefe do Gabinete Civil da Presidência da República, dizendo que o fazia por "divergências irreconciliáveis".

Movimentos pacíficos se intensificaram em todo o país, todos a favor do fim da ditadura e das eleições para presidente, sendo o mais importante e conhecido o "Diretas Já", oriundo do projeto do deputado Dante de Oliveira, apresentado no Congresso em 1983. O grande idealizador do movimento nacional para abraçar a emenda Dante de Oliveira foi o senador Teotônio Vilela.

Diversos comícios ocorreram em vários Estados, mas os mais significativos, pelo número de participantes e de personalidades políticas e do mundo cultural presentes foram o da Candelária, realizado no Rio de Janeiro em 10 de abril de 1984, com um milhão de participantes, e a monumental passeata em São Paulo, no Vale do Anhangabaú, que em 16 de abril, com a presença de um milhão e meio de pessoas, tornou-se a maior manifestação política da História do Brasil.

No dia 25 de abril a emenda Dante de Oliveira foi votada no Congresso, obtendo 298 votos a favor, 65 contra e três abstenções. Para que não ocorresse o quorum necessário, 112 deputados ligados diretamente ao governo não compareceram. A emenda não pôde ser aprovada, e nem sequer foi enviada ao Senado.

Em 15 de janeiro de 1985 ocorreu finalmente a eleição indireta para Presidente da República, saindo vencedora a chapa encabeçada pelo mineiro Tancredo Neves que tinha com vice aquele poeta maranhense — de péssima qualidade, por sinal — dono do Estado do Maranhão, um político filiado à Arena, o partido da ditadura, e que sempre soube pular de galho em galho com enorme maestria e competência, desde que o galho seguinte fosse o que mais lhe proporcionasse vantagens e poder. Com o término dessa "arena", passara para o quadro do PDS, do qual se afastou para se filiar ao PMDB, ex-MDB, partido de Tancredo e de oposição ao regime. Entenderam? Pois devido aos acordos políticos que são praxe no Brasil, Tancredo teve designado para seu vice o senhor acima mencionado.

Logo após sua eleição, no dia 14 de março, véspera de sua posse, Tancredo passou muito mal. Internado, passou por sete operações. Foram díspares as informações sobre o seu diagnóstico real, prevalecendo a versão oficial de que se tratava de diverticulite. O país acompanhava tenso o desenrolar dos acontecimentos, as notícias sobre seu estado de saúde, as informações prestadas diariamente pela equipe médica. Foi decidido que José Sarney deveria assumir a presidência em 15 de março. As manobras que levaram o grande escritor maranhense ao poder nunca foram devidamente esclarecidas, pois pelos princípios mais elementares do Direito Constitucional, se Tancredo não pudera ser empossado, seu vice tampouco o fora. Muitos historiadores afirmam ter sido esse momento aquele em que surgiu o "mensalão". Dinheiro é que não faltava, nem acordos, tampouco interesses para o futuro. Começava a Nova República.

Tancredo faleceu no dia 21 de abril de 1985. Era presidente do Brasil o Sr. José Sarney de Araújo Costa, nascido e registrado como José Ribamar Ferreira de Araújo Costa. Se até de nome ele mudou, acho um absurdo seus detratores estranharem que tenha também mudado de Estado, e sendo dono do Maranhão acabasse no futuro sendo eleito senador pelo Estado do Amapá.

Figueiredo foi alertado pelo ministro-chefe do Gabinete Civil Leitão de Abreu de que não deveria passar a faixa: "Presidente só transmite faixa a outro Presidente". Embora não suportasse Sarney, a quem considerava um traidor, Figueiredo declarou em público sua frustração por não empossar seu sucessor. Agora veremos o que se passou no campo econômico durante seu governo.

O "milagre econômico" estava arruinado. Foi convocado mais uma vez o Sr. Delfim Netto, desta vez para o Planejamento, como se pudesse melhorar tudo que fizera de pior. Mas são as rodas da vida.

O pesado ministro lançou o III Plano Nacional de Desenvolvimento — tremenda falta de imaginação, e que também deu com os burros n'água, principalmente porque a grande recessão mundial complicava a obtenção de novos empréstimos e a vinda de empresas estrangeiras. Pesaram muito, para agravar o quadro que já era grave, as altas taxas de juros, o aumento do preço do barril de petróleo, e os aumentos praticados no Brasil, elevando a inflação para 230% ao longo dos seis anos de seu mandato. A dívida externa não foi para as alturas, mas para a estratosfera, ultrapassando US$ 100 bilhões, o que forçou o governo, como única solução, a recorrer ao Fundo Monetário Internacional (FMI). No discurso que pronunciou na Assembleia Geral da ONU, o general Figueiredo botou para quebrar, e criticou de modo veemente os juros exorbitantes que eram cobrados dos países em desenvolvimento.

No último ano de seu governo o Brasil saiu do processo de recessão e nosso Produto Interno Bruto (PIB) subiu mais de 7%. Com o aumento das exportações e da produção de petróleo, as contas externas também melhoraram.

Figueiredo implantou um programa de incentivos à agricultura que tinha como *slogan* "Plante que o João garante". Prejudicou os pequenos agricultores, mas modernizou profundamente a agricultura, sendo uma base para a transformação do país em uma potência agrícola. Diversos produtos básicos como feijão, arroz e milho baixaram consideravelmente de preço. Também no seu governo, sob o comando do ministro do Interior, o coronel Mario Andreazza, foi realizado o mais abrangente programa habitacional do país, que construiu três milhões de casas populares, quase o dobro do que fora construído pelo extinto Banco Nacional da Habitação (BNH).

E Figueiredo não parece ter sido um governante que gostasse de jogar o dinheiro público pelo ralo. Um exemplo disso foi relatado pelo jornalista Alexandre Garcia, hoje na TV Globo, que ouviu de um major que fazia parte do gabinete do presidente a conversa que o general teve com o Sr. João Havelange, à época dono da FIFA, que mandava e desmandava no futebol mundial. Prevendo mais uma boca livre, Havelange propôs entregar de bandeja a realização da Copa do Mundo de Futebol ao Brasil. Figueiredo, com seu jeito todo peculiar de não medir as palavras, respondeu: "Você conhece uma favela do Rio de Janeiro? Você já viu a seca do nordeste? E você acha que vou gastar dinheiro com estádio de futebol?"

E aqui me despeço do general Ray-Ban como era seu desejo ao se afastar da presidência: vou esquecê-lo. Com relação ao que se gastou e se superfaturou nas obras da realização da Copa das Copas, em 2014, nada melhor do que lembrar uma de suas melhores frases, que seria perfeita se aplicada nos dias atuais: "Eu prendo e arrebento".

-24-

RIBAMAR SARNEY, AQUELE QUE "É, FOI E SERÁ O PIOR PRESIDENTE DA HISTÓRIA DO BRASIL"

A antológica frase acima, de autoria do mestre Millôr Fernandes foi confirmada sem deixar a menor dúvida, tirando, é claro, o ponto de vista de seus familiares e das oligarquias que dominam o nordeste brasileiro. O homem conseguiu que a inflação de dezembro de 1989 atingisse 54,55%. O índice acumulado do ano de 1989 bateu o recorde histórico do país, atingindo exatos 1.764,86%. A acumulada da década de 1980 fechou no patamar de 36.850.000%, segundo o jornal *O Estado de S. Paulo*. Há que ter muita capacidade administrativa, muita competência, muito conhecimento de economia, tanto da macro quanto da micro, entender de cálculo integral, matemática espacial, lastro financeiro, contratos de empréstimos internacionais, enfim, considero a maior injustiça cometida pela Academia Real de Ciências da Suécia não ter dado o Prêmio Nobel de Economia para o dono do Maranhão, pura inveja e safadeza desses nórdicos.

Em todos os governos imperiais, ditatoriais, populistas, militares e democráticos da nossa História sempre alguma coisa se consegue salvar; mas no de Ribamar, parte crucial daquilo que os historiadores chamam de "a década perdida", não se salva nada.

Até que, pensando bem, há um único e solitário ato louvável, que foi a convocação, no início de 1987, da Assembleia Constituinte, em que pesou muito a força política do deputado Ulysses Guimarães, cujo sonho era ser primeiro-ministro. Sua Constituição engessa o poder executivo, deixando-o completamente dependente do legislativo, tal como acontece em todos os regimes parlamentaristas, onde quem tem o verdadeiro poder é o primeiro-ministro. Depois de aproximadamente 20 meses de trabalho e muitos acertos e emendas, a Constituição de 1988 foi promulgada no dia 5 de outubro de 1988. É profundamente detalhista, nela há de tudo um pouco, parece meio sem pé nem cabeça. Quando foi publicada no *Diário Oficial* continha "somente" 250 artigos. Enquanto as constituições dos países civilizados têm normas básicas, deixando para leis complementares assuntos de menor importância, a nossa define desde a forma de eleição para todos os cargos até receitas de bolo, trata de terras dos índios, direitos de parturientes, dimensão de campos de futebol, tempo de mandatos dos nossos governantes; adentra pela área econômica, sai pela trabalhista, ingressa no campo da reforma agrária, trata dos direitos de prospecção mineral e de petróleo, enfim, tem tanto artigo que qualquer assunto ou demanda torna-se matéria constitucional, e a bomba estoura sempre em cima do Supremo Tribunal Federal. Mas não era ditatorial, nem foi imposta por um Congresso que legislava calado diante das baionetas idem — para quem não entendeu, estou me referindo às baionetas caladas.

Vamos abordar agora o que aconteceu no campo econômico durante o fantástico governo de Sarney.

Até que em seu primeiro ano como presidente houve um crescimento do PIB, mas a inflação era voraz, consumia tudo o que se ganhava. Foi lançado um novo plano econômico, chamado de Plano Cruzado, que tinha como mentores o ministro do Planejamento João Sayad e da Fazenda, Dílson Funaro. Era mirabolante. Criava uma nova moeda, o cruzado, equivalente a 1000 cruzeiros. Implicava no congelamento total, geral e irrestrito dos preços por doze meses, e a adoção de um gatilho salarial que reajustaria automaticamente os salários quando a inflação atingisse 20%, além de ter dado um abono fixo de 8% sobre o valor real dos salários em vigor. Foi lançado em 28 de fevereiro de 1986, quando o presidente pediu ao povo que assumisse o papel de fiscal do governo, denunciando todos os aumentos de que tomassem conhecimento. Os "fiscais do Sarney" andavam de bloquinhos na mão, anotando toda e qualquer remarcação ou aumento de preço.

Com os preços congelados e os salários aumentados, houve uma eclosão de consumo, algo que qualquer economista recém-formado, mesmo que terminasse sua faculdade em último lugar, saberia que só poderia redundar no chamado desabastecimento. A constante desvalorização do tal cruzado, com os insumos fundamentais para a indústria sendo importados, levou a uma brutal queda de rentabilidade; o comércio ficou estagnado, porque era impossível restabelecer os estoques sem aumentar os preços, sendo que parte da indústria, que não sofria a fiscalização dos "fiscais" do presidente, os reajustava, não tendo o comércio como repassar o aumento que lhe era imposto.

Esse quadro levou a uma distorção absurda das margens de lucro das empresas. Funaro e Sayad se consideravam gênios da economia, mas o Brasil passou a ter o que se chamou de desinvestimento, a produção foi para o buraco e a inflação continuou tal e qual como era, ou melhor, aumentou mais ainda. O grande investimento era comprar dólares no mercado negro, guardá-los e revendê-los com ótima margem de lucro, ao menos teoricamente, porque esse lucro mais uma vez era consumido pela inflação.

Em novembro de 1986, abusando da imaginação, foi lançado o Plano Cruzado II, que parece ter piorado ainda mais a inflação. Nossas reservas internacionais caíram a níveis nunca vistos, e a solução brilhante foi dar um calote e decretar a moratória unilateral. Ficamos sem crédito perante a comunidade financeira internacional.

Em 12 de junho de 1987, o novo ministro da Fazenda Luiz Carlos Bresser Pereira lançou um novo plano, e como era de uma modéstia à toda prova batizou-o com seu próprio nome: Plano Bresser. Ainda bem que não o chamou de Plano Cruzado III. A economia continuava caótica, e a inflação subindo sempre. Nosso Bresser e seu plano ficaram pouco tempo no poder.

No começo de 1988 assumiu novo ministro da Fazenda, o 4º de Sarney (não mencionamos o 1º, Francisco Dornelles, que ficou no cargo pouco mais de cinco meses), o economista Maílson da Nóbrega, que procurou fazer uma política mais moderada e no ano seguinte, em janeiro de 1989, lançou o Plano Verão. Pelo menos conseguiu acertar a estação, o que para os ministros da área econômica do Ribamar era um fato mais do que elogiável. Mas a inflação continuava se manifestando com toda a ferocidade. E surgiu mais um processo de congelamento, que recebeu o apelido de "congelamento eleitoral", porque vigoraria até a realização das eleições diretas no final do ano de 1989, quando foi eleito Fernando Collor de Mello, dono de Alagoas, e que durante sua campanha atacou violentamente o governo do Sarney, me desculpem, do Ribamar.

No transcorrer de seu governo, o dono da Bahia e ministro das Comunicações Antonio Carlos Magalhães fez mais de mil concessões públicas de emissoras de rádio e televisão, sem nenhuma licitação. Segundo dados colhidos de fontes seguras, foram 1028 as concessões distribuídas — uma moeda de troca para obter apoio irrestrito ao senhor do Maranhão, que distribuindo ondas médias e curtas e telinhas pelo Brasil afora conseguiu que lhe dessem mais um ano no poder e muitas outras regalias. Sua família detém concessões de emissoras de rádio e televisão em todo o seu paupérrimo Estado natal, além de jornais e revistas. Hoje, a família Sarney é possuidora de uma das maiores fortunas do nordeste, talvez seja a mais rica do Maranhão, concentrada principalmente nos meios de comunicação e em imóveis, os mais valiosos sendo a fazenda na Ilha de Curupu e a majestosa mansão na Praia do Calhau.

Ex-jornalista dos Diários Associados, Sarney começou seu império de comunicações durante a ditadura, quando adquiriu o *Jornal do Dia*, hoje *O Estado do Maranhão*. O diário, o mais vendido no Estado, foi base para a edificação do Sistema Mirante de Comunicação, por ele criado e ampliado na década de 1980, inclusive enquanto era presidente. A TV Mirante, atualmente repetidora da Rede Globo, e as rádios Mirante em AM e FM fazem parte desse pacote. Seus familiares e filhos, de acordo com dados do Ministério das Comunicações, aparecem como sócios em dezenas de emissoras de rádio e de televisão.

Ribamar deixou o Planalto com um fantástico índice de rejeição — parece que tudo é grandioso nessa família. 80% dos entrevistados pela pesquisa nem queriam ouvir seu nome ser pronunciado. Voltou para a sua terra natal e descobriu um domicílio no futurista e altamente desenvolvido Estado do Amapá, pelo qual se elegeu e se reelegeu senador, quase vitalício.

Ah, ia me esquecendo. Para quem quiser ir mais longe, existe no Maranhão uma Fundação José Sarney, situada no belo e histórico prédio do Convento das Mercês, construído no século XVII e que pertenceu ao Estado de 1905 a 1990, quando o governador José Alberto, seu aliado político, doou o imóvel para a fundação, sendo que em junho de 2009 voltou a pertencer ao Estado.

A fundação tem um acervo raro de mais de quatro mil obras de arte: quadros, esculturas, tapetes, peças de arte sacra, 200 mil documentos referentes ao governo Sarney — cartas, entrevistas para jornais, rádios e televisões, seus discursos, seus escritos e suas mensagens — e uma biblioteca com mais de 23 mil livros. Foi alvo de investigação por denúncias de desvio de verbas e favorecimentos. Chegou a ser fechada pelo próprio Sarney, mas foi finalmente reaberta com o pomposo nome de Fundação da Memória Republicana Brasileira (é muita cara de pau) no começo de 2012, tendo sido (re)criada pela Lei 9.479 de 21 de outubro de 2011, devidamente sancionada pela governadora do Estado mais pobre da União, sua filha, Roseana Sarney.

A fundação está vinculada à Secretaria de Estado da Educação, e há um fato que tem sido contestado: no momento em que se vinculou à Secretaria de Educação, passou a ter a proteção do artigo 215 da Constituição, que determina: "O Estado garantirá a todos o pleno exercício dos direitos culturais e acesso às fontes da cultura nacional, e apoiará e incentivará a valorização e a difusão das manifestações culturais". Ou seja, a obra imortal do imortal (informação sem nenhum valor cultural: em 17 de julho de 1980 Sarney foi eleito para Academia Brasileira de Letras, ocupando a cadeira número 38) autor de *Maribondos de Fogo* tem plena e total cobertura do Estado e não foi explicado em nenhum momento quanto essa bomba custará ao sofrido e miserável povo do Estado do Maranhão.

E chega desse homem, que estou ficando nauseado e começando a passar mal. Vamos agora para o nosso "caçador de marajás".

-25-

FERNANDO COLLOR DE MELLO,
O "CAÇADOR DE MARAJÁS"

Fernando Affonso Collor de Mello nasceu em 1949, filho de uma tradicional família de políticos e de péssimos atiradores. No dia 4 de dezembro de 1963, seu pai, o senador Arnon Afonso de Farias Melo, disparou três tiros dentro do Senado Federal contra seu inimigo político, o também senador Silvestre Péricles, que se encontrava a cinco metros de distância. Conseguiu errar os três, e matou outro senador, José Kairala, representante do Acre que não tinha nada a ver com a briga, gênero John Wayne, sendo que o velho "Duke" teria acertado seu inimigo no primeiro tiro, e de olhos fechados. Apesar do assassinato — este me parece ser o nome que dá o tão desrespeitado Código Penal Brasileiro ao ato de se tirar a vida de um semelhante —, e apesar de o crime ter ocorrido dentro do Senado Federal, o pai do futuro caçador de marajás não teve seu mandato cassado nem sofreu nenhuma punição, porque estava protegido pela vergonhosa e inaceitável imunidade parlamentar que perdura até hoje.

Como podem ver, a história do homem começa bem. E não sei se repararam que seu pai tinha no nome Farias, o mesmo sobrenome de seu ex-tesoureiro de campanha em torno de quem girou todo o imbróglio que terminou com seu impeachment. Enfim, o pai atirava muito mal, assim como o outro Farias, Paulo César, que conseguiu se suicidar matando antes a amante Suzana Marcolino, que o matara anteriormente, enquanto se suicidavam ao mesmo tempo — esta é a versão dada pela polícia alagoana para o crime ou suicídio ocorrido no dia 23 de junho de 1996, no sempre pacato e calmo Estado de Alagoas. O cineasta italiano Sergio Leone, pai dos famosos *spaghetti westerns*, deve ter morrido de inveja por não ter usado tão imaginoso enredo, principalmente em seus dois filmes de enorme sucesso: "Por Um Punhado de Dólares" e "Por Uns Dólares a Mais".

Terminada a seção bangue-bangue, vamos começar a tratar da vida do engomado e atlético presidente Fernando Collor de Mello.

Em 1973 Collor assumiu a direção da *Gazeta de Alagoas*, que pertencia à sua família. Em 1979 foi nomeado pelos militares prefeito de Alagoas, cargo que exerceu até 1982; em 1986 venceu as eleições para governador do Estado, quando ganhou notoriedade por combater os famosos "marajás", que abundavam no serviço público estadual e recebiam salários polpudos. Daí que surgiu seu apelido "caçador de marajás", que usou durante sua campanha presidencial, quando, entre outras medidas, anunciou que combateria o empreguismo desavergonhado e ultrajante que imperava no Brasil, e que só tem aumentado de modo assustador nos últimos anos — o famoso "tudo para os companheiros e companheiras".

Na campanha presidencial de 1989, Collor renunciou ao governo de Alagoas e se filiou ao pequeno e desconhecido Partido da Reconstrução Nacional (PRN). Seus discursos eram inflamados, sua voz retumbava, e seus gestos profundamente estudados começaram a despertar o interesse dos eleitores, principalmente porque sentava o pau sem dó nem piedade no governo Sarney. Contrariando todos os prognósticos, Collor de Mello venceu as eleições, e se tornou o mais jovem presidente da História do Brasil, o primeiro eleito pelo voto direto após o término da ditadura militar.

Foi uma disputa acirrada. Collor enfrentou os candidatos Leonel Brizola, Mário Covas, Paulo Maluf, Luiz Inácio Lula da Silva, Guilherme Afif e Ulysses Guimarães. Venceu o primeiro turno com 28.52% dos votos e foi para o segundo enfrentando o candidato petista. Venceu o segundo turno com 50,01 dos votos, ultrapassando Lula pela pequena margem de 5,71%. Seu vice era o senador Itamar Franco.

Para se entender a vitória do Collor, é fundamental reconhecer a importância exercida pela televisão, principalmente a Rede Globo. O procedimento da TV Globo na campanha mereceu até um documentário intitulado *"Beyond Citizen Kane"* — uma referência ao magnata da comunicação americana que foi tema do clássico filme de Orson Welles. As Organizações Globo, subentenda-se Roberto Marinho, pensava em apoiar, caso fosse lançada, a candidatura do ex-presidente Jânio Quadros, mas como este não tinha mais prestígio político, o objetivo passou a ser o governador paulista Orestes Quércia, que a Globo considerava mais fácil de ser manejado. As articulações em torno do nome de Quércia não foram adiante, e restaram Covas e Ulysses, mas ambos vinham perdendo fácil diante da popularidade crescente do candidato petista. Apoiar Brizola seria a última coisa que passaria pela cabeça do todo-poderoso dono das comunicações no Brasil, principalmente por conta do eterno caudilhismo de Brizola, anunciando que, se eleito presidente, cassaria a concessão da Rede Globo. Restaram Lula e Collor. E as Organizações, diante da ameaça esquerdista e sindicalista do líder do ABC, optaram por jogar pesado e colocar toda a máquina para apoiar a candidatura Collor.

Terminado o último debate presidencial, onde ofensas pessoais, intrigas, mentiras e até desrespeito à vida privada foram usados, foram veiculados no dominante Jornal Nacional do dia seguinte os melhores momentos. O debate, é lógico, não tinha sido assistido pela maioria dos eleitores, mas a audiência do Jornal Nacional era assustadora, e penetrava em todos os lares brasileiros, desde as camadas sociais mais favorecidas até as mais simples, que esperavam ansiosamente pelo começo da novela que entrava no ar logo depois do Jornal. Como se pode fazer em qualquer edição, ficou estabelecido que de Collor se exibiria somente o que dissera de inteligente e positivo, enquanto do candidato Lula se usariam os piores momentos. O então diretor de jornalismo da TV Globo, Armando Nogueira, não aceitou participar dessa verdadeira manipulação, sendo o programa editado pelo diretor da central de jornalismo de São Paulo, que pouco depois substituiria Armando como diretor de jornalismo da emissora. Belo presente! Segundo analistas políticos, essa famosa edição do Jornal Nacional acabou com os indecisos, e levou Collor à vitória.

Collor foi empossado no dia 15 de janeiro de 1990, uma quinta-feira. No dia 16 de março, sexta-feira, quando todo o mercado financeiro fecha para o fim de semana, sua ministra da Fazenda, Zélia Cardoso de Mello, mesmo com a língua presa, e diante da perplexidade de todos os brasileiros, anunciou o Plano Collor: retornava o cruzeiro como unidade monetária, substituindo o cruzado novo, e 80% de todos os depósitos de overnight, contas correntes e cadernetas de poupança, que sempre foi o investimento mais usado pelas famílias brasileiras que não dispõem de milhões para aplicar nos diversos fundos bancários, ficariam congelados por 18 meses, recebendo uma rentabilidade pela correção do BTNF e não mais pelo IPC. Para se ter uma ideia do tamanho do confisco — este é o nome real do plano de Collor —, a remuneração no mês de março, se feita pelo IPC, teria sido de 84,32%, enquanto pelo BTNF foi de 41,28%.

Foi aumentada a base de cálculo do Imposto sobre Operações Financeiras (IOF), que passou a incidir sobre todos os ativos financeiros, transações com ouro e ações, retiradas das contas de poupança e fundos existentes; foram congelados preços e salários, sendo posteriormente permitidos reajustes com base na inflação; foram eliminados incentivos fiscais para importação, exportação e agricultura, incentivos fiscais para as regiões Norte e Nordeste e para a indústria de computadores; estabeleceu-se indexação automática dos impostos aplicados no dia posterior a qualquer transação, de acordo com a inflação anunciada; houve aumento dos preços dos serviços públicos, como gás, energia elétrica, correios, água e outros menos votados; o câmbio foi liberado, acabando com o valor irreal da moeda brasileira perante as de outros países, e propôs-se extinguir diversas instituições governamentais, verdadeiros cabides de emprego, e demitir aproximadamente 360 mil funcionários públicos.

Em meio aos absurdos, como o confisco, seu plano tinha medidas positivas, entre elas sendo talvez a mais importante o enxugamento da máquina administrativa, com a extinção e fusão de ministérios e órgãos públicos e a demissão de um número substancial de funcionários públicos que nada produziam, e eram resultado de um Estado paternalista e inchado. Se essa medida fosse anunciada hoje, o número de petistas e correligionários que se suicidariam tornaria intransitáveis todos os cemitérios do país. Hoje, vivemos um Estado calamitoso, que se aproxima muito do que era a União Soviética, onde todo mundo ou era funcionário público, ou mãe, ou pai, ou filho, ou filha de funcionário público. Quem não era funcionário público estava veraneando nos campos de concentração da Sibéria.

Começaram processos de desestatização através de privatizações, foi aberta a importação — o que foi um baque para as montadoras, que recebiam matrizes ultrapassadas, enviadas de suas sedes internacionais: um carro lançado no Brasil já não era mais fabricado no exterior há mais ou menos quatro anos. Sem sofrer qualquer ameaça dos carros importados, nossa indústria era uma sucata do que nos era enviado, e ficou famosa a frase de Collor dizendo que nossa indústria automobilística produzia "carroças". A modernização e o grande avanço do setor automobilístico são frutos de medidas tomadas por Collor de Mello.

Em 10 de maio de 1991, a ótima dançarina de boleros Zélia Cardoso de Mello, que tinha como parceiro neste e em outros ritmos seu colega, o ministro da Justiça Bernardo Cabral, foi substituída pelo economista Marcílio Marques Moreira, que no momento de sua nomeação era nosso embaixador nos Estados Unidos.

Marques Moreira implantou novo plano econômico, mais ameno que o de Zélia, no qual combinava uma política de altas taxas de juros e uma forte política fiscal restritiva. Os preços foram liberados, e para conseguir garantir que as reservas internas não desaparecessem completamente, Marcílio foi buscar a módica quantia de dois bilhões de dólares no Fundo Monetário Internacional (FMI). Foi substituído por Gustavo Krause em 2 de outubro de 1992, uma dessas confusões que reinam no nosso mundo da fantasia, porque o presidente Collor, diante da abertura do processo de impeachment pelo Congresso, pedira o boné, e para tentar salvar seus direitos políticos se mandara da presidência no dia da nomeação de Krause, quando foi substituído por seu vice, Itamar Franco. E a saga "quem nomeou Krause" ficou parecendo a divertida *Onde está Wally?*, série americana de livros ilustrados.

Mas o que marcou realmente o governo Collor foram os escândalos que envolveram seu tesoureiro de campanha, o único homem da História que se suicidou ou mesmo tempo em que era suicidado, como já contei. Os primeiros zumbidos de corrupção começaram quando a imprensa divulgou matéria sobre superfaturamento de cestas básicas da Legião Brasileira de Assistência (LBA), que era presidida por sua esposa Rosane Collor.

A inflação não baixava, a crise econômica perdurava, e o presidente aparecia sempre se autopromovendo, vendendo a imagem de um jovem aventureiro e bem disposto, ora pilotando um *jet ski*, ora voando em avião supersônico, ou escalando o Everest, nadando no meio da pororoca, pegando onda, correndo ao lado de seus seguranças — enfim, Fernando procurava mostrar-se como um super-homem. Danou-se.

Os zumbidos foram ficando mais fortes quando começaram a correr boatos de que seu amigo PC Farias, como ficou mais do que conhecido, conseguira doações de diversos empresários para a campanha em troca de vantagens a serem obtidas quando começassem as obras e licitações para os mais diversos setores — essa história de doações de campanha parece ser antiga, mas na época de PC Farias eram feitas através de transações e depósitos em contas no exterior, técnica mais tarde aprimorada com as transferências em malas e cuecas. Cada um usa o que se apresenta de mais próximo de sua condição social.

Em maio de 1992, em matéria de repercussão nacional, a revista *Veja* publicou um depoimento no qual o irmão do presidente, Pedro Collor de Mello, afirmava que existia um grande esquema de corrupção montado por PC Farias, chamado de "Esquema PC", e que o presidente tinha conhecimento e dele participava.

Pelo esquema teriam sido pagas as reformas da Casa da Dinda, como era conhecida a suntuosa residência da família Collor, que fora escolhida como residência presidencial. O outro escândalo, que hoje nem seria mencionado, foi a compra de uma mais do que vagabunda Fiat Elba. Mas a bola de neve tinha começado e não teria mais fim.

Com suas caras pintadas de verde e amarelo, os estudantes da União Nacional dos Estudantes (UNE) tomaram conta das ruas, exigindo a saída do presidente. Não se sabe quanto desse movimento foi legítimo e quanto houve de orquestração, porque a cobertura que o movimento recebeu, principalmente da Rede Globo, ficou um pouco inexplicável. Correram boatos de que o presidente das Organizações solicitara um grande favor ao presidente, em troca da famosa edição do Jornal Nacional, mas este respondera que a dívida já estava mais do que paga, porque livrara a Globo do Lula, que pensava em retirar sua concessão. O que existe de verdade não se sabe; como escrevi, tudo não passava de boatos.

O fato é que os estudantes e a UNE nunca mais pintaram o rosto, nunca mais protestaram e nunca mais se manifestaram, ficando calados quando ocorreu o escândalo do "mensalão", divulgado em toda a imprensa, que terminou com a condenação pelo STF e a prisão de eminências pardas, ministros, assessores e presidentes de partidos ligados ao senhor Luiz Inácio Lula da Silva. Eu, pelo menos, não me lembro de ter tido conhecimento de nenhuma manifestação, nem da notícia da compra de um mero vidrinho de tinta por parte dos estudantes ligados à UNE. A ser explicado!

No dia 20 de junho de 1992, Collor negou manter relações com PC Farias: "Há cerca de dois anos não encontro o Sr. Paulo César Farias, nem falo com ele, e quem afirma o contrário, mente".

A situação do presidente se agravou. A Associação Brasileira de Imprensa (ABI), a Ordem dos Advogados do Brasil, a UNE e a Central Única dos Trabalhadores (CUT) entregaram ao presidente do Congresso o pedido de afastamento de Collor por atos de corrupção e desvio de conduta, e a abertura do processo de cassação.

No dia 29 de setembro, o Congresso Nacional abriu o processo de impeachment, que foi aprovado e enviado ao Senado. Foi determinado que o presidente deveria se afastar pelo período de 180 dias, prazo necessário para a apuração dos crimes mencionados e conclusão do processo.

No dia 2 de outubro, para escapar à condenação que implicaria na perda de seus direitos políticos por oito anos, Fernando Collor de Mello se afastou do poder. Desceu a rampa do Planalto pela última vez e foi substituído provisoriamente por seu vice, o bom baiano, mas quase mineiro, Itamar Franco.

Em 29 de dezembro, o Senado Federal declarou Collor culpado pelo crime de responsabilidade. O ex-presidente ficou inelegível pelo período de oito anos.

Eu não poderia terminar o capítulo sobre o prepotente Fernando Affonso Collor de Mello sem mencionar como foi a votação no Congresso, nem o genial Federico Fellini conseguiria imaginar algo semelhante, e confesso que em alguns momentos foi hilário, e seria cômico se não fosse trágico. Congressistas respeitados, com um passado digno, votavam "sim" e alguns poucos votavam "não". Mas a maioria, aqueles que mal sabem se expressar, que tropeçam nas concordâncias e na moral, implicados em falcatruas, em emendas parlamentares puramente eleitoreiras, que enchiam seus gabinetes de parentes e amigos, estes não se limitavam a um simples "sim ou não", e era um tal de "pela minha honra, pela minha Pátria, pela minha família, pela minha dignidade, voto sim", seguido de outro, gravata torta, colarinho aberto, cabelo pintado estilo asa de graúna, que declamava "Pelo Brasil, por minha família, minha sogra, meu primo, minha filha e meu filho e minha amada esposa, voto sim", e de mais outro, certamente um arretado cidadão que quando pede a palavra não devolve nem que lhe paguem, transformando seu simples voto em memorável catilinária, "Meus concidadãos do meu amado Estado, meus queridos filhos da minha cidade, meus amigos, amigas e amigadas, minha esposa e meus onze filhos, meus escravos, perdão, meus empregados que labutam por um Brasil melhor nas minhas sete fazendas, meu cachorro de estimação, minhas nove araras e meu papagaio desbocado, por vocês, do alto da minha dignidade, eu voto sim".

Aplausos. E desce o pano.

-26-

ITAMAR, O BAIANO COM PINTA DE MINEIRO, E OS OUTROS

Terminado o processo de impeachment de Collor, assumiu a presidência o baiano Itamar Augusto Cautiero Franco, quase baiano, mesmo, nascido a bordo de um navio que vinha de Salvador para o Rio, no ano de 1930. Mas como fez carreira em Juiz de Fora, onde se formou em engenharia, muitas pessoas se referem ao nosso Itamar como mineiro, sem mencionar que seu registro de batismo indica 1931 como o ano de seu nascimento... em Juiz de Fora.

Foi empossado no dia 29 de novembro de 1992. O Brasil, depois de Sarney, que literalmente acabara com o país, e tendo em seguida o famoso "caçador de marajás", estava enfrentando os seus problemas cotidianos: recessão, inflação, desemprego, falta de credibilidade nos nossos políticos, enfim, o que sempre fez parte da nossa História, e não só da minha, por favor.

A mistura de baiano com mineiro só poderia dar num homem meio calmo, apesar de alguns rompantes e do cabelo meio fora de moda, que nunca se entendia com o vento que soprava. Avesso ao puxa-saquismo nacional, meio na dele, Itamar começou a pôr ordem na casa, procurando fazer um governo mais transparente. Cumpriu rigorosamente o que determinava a Constituição, e em abril de 1993 realizou um plebiscito para o país decidir se adotaria ou não o parlamentarismo — sonho de Ulysses Guimarães e de sua Constituição mais parlamentarista do que presidencialista. Ah! E ainda estava prevista até a volta da monarquia, que foi a opção de uma pequena fatia de eleitores.

Como se diz no jogo do bicho: deu presidencialismo na cabeça.

No governo Itamar, o professor e sociólogo Fernando Henrique Cardoso, ministro da Fazenda, trouxe um plano de controle inflacionário elaborado por uma equipe das mais competentes, o melhor e mais eficiente que o Brasil já teve em toda a sua História: denominado Plano Real, sofreu oposição mais do que real — parece trocadilho, mas não é — do Partido dos Trabalhadores.

O plano buscava uma estabilidade econômica, um forte combate à inflação. Criou uma unidade real de valor (URV) para todos os produtos, desvinculada da moeda vigente. Posteriormente, a URV passou a ser denominada "real", e é a moeda brasileira em vigor até hoje. O Plano Real cumpriu parte de seus objetivos, diminuindo a inflação, aumentando o poder de compra dos brasileiros e colaborando com essas medidas para um crescimento da produção industrial do país.

Itamar terminou seu mandato sem maiores denúncias com alto índice de aprovação popular e uma alta dose de respeitabilidade. O maior escândalo de todo o seu governo foi uma calcinha — ou a falta dela — em um desfile das Escolas de Samba, no Rio de Janeiro. Mas qual a importância de uma calcinha, num país que já nasceu e viveu, e parece que sempre viverá envolto em grandes escândalos, corrupção, descaso com o dinheiro público, desrespeito com o cidadão, com as instituições e com tudo o que pode existir de correto e digno? Fico com a calcinha, ou com a sua falta, e dela não abro mão.

Devido ao sucesso do Plano Real, fez seu sucessor o ex-ministro da Fazenda Fernando Henrique Cardoso.

Professor, sociólogo, intelectual, poliglota, Fernando Henrique Cardoso foi um dos fundadores do Partido Social Democrático Brasileiro (PSDB). Antes de ser ministro da Fazenda exercera o cargo de ministro das Relações Exteriores. Após o golpe militar foi exilado no Chile, e posteriormente na França, onde realizou estudos de pós-graduação. Retornou ao Brasil como professor da USP, de onde foi aposentado com a decretação do AI-5.

O grande nome de seu governo foi sua esposa antropóloga, sua ex-colega de faculdade Ruth Villaça Correia Leite. Se todas as esposas dos políticos que passaram e passarão pelo nosso país fossem do mesmo quilate de Dona Ruth, minha História seria bem diferente. Foi ela quem criou a "Bolsa Família", que depois se transformou no mais abrangente e manipulador programa de sustentabilidade eleitoral usado por um partido político.

Durante seu primeiro mandato, FHC, como ficou conhecido, procurou se cercar de figuras competentes, escolhendo-as mais por suas qualidades técnicas e conhecimentos do que por conchavos partidaristas. Fortaleceu nossa moeda, e houve um crescimento industrial e da agroindústria. FHC efetivou importantes medidas estruturais, entre elas as privatizações, que foram em parte combatidas pelos grupos de esquerda. Hoje, ficou provado que empresas que viviam a mamar nas tetas do erário público se transformaram em grandes companhias, como a Vale do Rio Doce, uma das maiores do mundo no seu setor.

No ano de 1997, mesmo sem ter maioria no Congresso Nacional, FHC conseguiu aprovar uma emenda constitucional criando a famigerada reeleição. Como isso foi conseguido, cabe ao leitor responder. Nosso Congresso é talvez o mais desrespeitado do mundo ocidental, uma casa parlamentar cujos membros não conseguem concordar sujeito com objeto, as orações se perdem e não se completam, o empreguismo é norma constante e grassa o protecionismo. Muitos de seus eleitos ignoram até mesmo onde fica localizado, e quando por lá decidem aparecer, dificilmente chegariam ao seu lugar de trabalho — trabalho mais do que bem remunerado, por sinal — se não existisse uma maravilhosa frota de carros oficiais, e quando exercem suas funções o fazem somente de terça a quinta. Entre eles há pastores de igrejas a defender os interesses de suas crenças religiosas e financeiras e grupos representando as indústrias farmacêuticas e outros setores internacionais. Há a turma da soja, do gado, dos bancos, da biodiversidade, enfim, pensou, está no Congresso; já teve índio, cantor de rádio, palhaço, atleta, pois é, tem de tudo no nosso Congresso, até mesmo alguns deputados e senadores que fazem jus ao nome, mas estes são poucos. E tem ainda a inacreditável e inaceitável imunidade parlamentar. Para encerrar suas (nossas) mazelas, é o único Congresso no mundo que tem um de seus parlamentares encarcerado em regime fechado, mas continua parlamentar, porque assim determinou o vergonhoso protecionismo que impera na Casa.

E com a aprovação da reeleição, termino o meu relato, porque não quero discutir, comprar mais inimigos e contrariar o ponto de vista e a opinião das pessoas que me são queridas. Com relação ao tão falado "mensalão", por exemplo, meu ponto de vista, como já disse, é que surgiu quando empossaram Sarney, continuou com a reeleição de Fernando Henrique e se perpetuou até hoje, quando estamos mergulhados naquilo que pode ser chamado de "terceiro período negro" da História do Brasil.

Para mostrar como são volúveis e como mudam as convicções, as crenças, as inimizades e as opiniões de nossos políticos, desde que o resultado lhes seja interessante e atenda a seus "ideais", vou transcrever a famosa frase que pronunciou o então deputado Luiz Inácio Lula da Silva, em discurso proferido no dia 6 de setembro de 1987, na cidade de Aracaju, em Sergipe, a respeito do então presidente José Sarney, que durante o mandato de Lula no Planalto foi um de seus maiores aliados, sempre disponível a cada vez que era necessário o glorioso senador (com letra minúscula, como ele merece ser descrito):

Nós sabemos que antigamente, os mais jovens não conhecem, mas antigamente se dizia que Adhemar de Barros era ladrão, que o Maluf era ladrão. Pois bem: Adhemar de Barros e Maluf poderiam ser ladrão [sic], mas eles são trombadinhas perto do grande ladrão que é o governante da Nova República, perto dos assaltos que se faz.[8]

A frase foi mesmo dita por Lula, que nunca a negou. Mas anos depois, quando tomaram o poder, seus partidários transformaram o Ribamar em mais um mero trombadinha.

8 Fonte: http://veja.abril.com.br/blog/augusto-nunes/tag/alianca/.

BIBLIOGRAFIA

Fica meio complicado citar uma bibliografia para este livro, porque a grande e cansativa pesquisa foi feita na internet, navegando pelos mais diversos sites. Os livros que citei já os tinha lido antes, e a eles recorri somente para tirar dúvidas ou relembrar certos dados.

Reli alguns trechos dos dois maravilhosos livros de Laurentino Gomes, *1808* (Leya, 2009) e *1822* (Nova Fronteira, 2010); o *Major Calabar*, de João Felício dos Santos (José Olympio, 2006); *Falta alguém em Nuremberg*, de David Nasser (Edições O Cruzeiro, 1966); o *Presidente Vargas*, de Paul Frischauer (Companhia Editora Nacional, 1943), livro altamente tendencioso; o *Carlota Joaquina, a Rainha Devassa*, também de João Felício dos Santos (Civilização Brasileira, 1968); *Tal dia é o batizado (o romance de Tiradentes)*, de Gilberto de Alencar (Itatiaia, 1959); *As Bandeiras*, de J.F. de Almeida Prado e Yan de Almeida Prado (IBRASA, 1986); *O Príncipe de Nassau*, de Paulo Setúbal (Companhia Editora Nacional, 1993); *Olga Benario: a história de uma mulher corajosa*, de Fernando Morais (Alfa-Omega, 1990); e, finalmente, *A Ditadura Envergonhada*, vol. 1 e *A Ditadura Escancarada*, vol. 2 (Companhia Das Letras, 2002), ambos de Elio Gaspari, não tendo lido os outros dois volumes, falha que pretendo um dia reparar.

Esta obra foi composta em Adobe Garamond Pro 13/14.
Impressa com miolo em offset 75g e capa em cartáo 250g,
por Createspace/ Amazon.

www.ingramcontent.com/pod-product-compliance
Lightning Source LLC
Chambersburg PA
CBHW051955090426
42741CB00008B/1403